Mathe live 5

Arbeitsheft

Herausgegeben von Sabine Kliemann

Ernst Klett Verlag GmbH
Stuttgart · Leipzig · Dortmund

So übst du mit...	2
Aufwärmrunde	3

1 Daten — S. 4
Fragen und Auswerten	4
Große Anzahlen darstellen und runden	6
Am größten, am kleinsten, in der Mitte	8
Wortschatz	10
Üben und vernetzen	11

2 Brüche — S. 13
Wir teilen gerecht	13
Brüche darstellen	14
Gleichwertige Brüche	16
Brüche vergleichen	17
Prozente	19
Wortschatz	20
Üben und vernetzen	22

3 Zahlen — S. 24
Aufteilen und Anordnen	24
Teilbarkeit	25
Primzahlen und Quadratzahlen	26
Potenzen	27
Zahlenfolgen und Muster	28
Zahldarstellungen und Stellenwerte	29
Meisterlich rechnen	31
Wortschatz	33
Üben und vernetzen	35

4 Längen — S. 36
Stadtplan	36
Koordinatensystem	37
Längen	39
Längen addieren und subtrahieren	41
Längen vervielfachen	42
Längen teilen	43
Wortschatz	44
Üben und vernetzen	45

5 Zeiten — S. 46
Kleine Zeiteinheiten	46
Zeitspannen und Zeitpunkte	48
Große Zeiteinheiten	50
Weg-Zeit-Diagramm	51
Wortschatz	53
Üben und vernetzen	54

6 Geometrische Körper — S. 56
Körper und ihre Eigenschaften	56
Körpernetze	58
Parallel und senkrecht	60
Besondere Vierecke	61
Schrägbilder	62
Wortschatz	63
Üben und vernetzen	65

7 Geld, Gewichte — S. 66
Kosten überschlagen	66
Mit Geld rechnen	67
Gewichte vergleichen	70
Mit Gewichten rechnen	71
Situationen verstehen	73
Größen schätzen	74
Wortschatz	75
Üben und vernetzen	76

8 Symmetrie — S. 77
Achsensymmetrie	77
Achsenspiegelung	79
Parallelverschiebung	81
Punktsymmetrie	83
Spiralen	85
Wortschatz	86
Üben und vernetzen	87

So übst du mit Mathe live

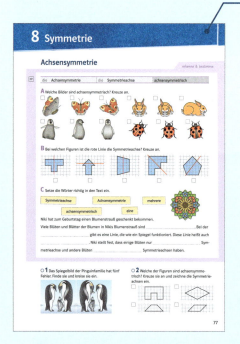

Begriffe vielfältig üben
erkenne & bestimme
Erkennst du, um welchen Begriff es sich handelt? Was bedeutet der Begriff? Sind die Begriffe klar, kannst du die inhaltlichen Aufgaben der Lerneinheit gut verstehen.

Inhalte vielfältig üben
Übe und vertiefe die mathematischen Inhalte aus dem Schulbuch.

Schau im Plusbereich unten nach Tipps passend zu dieser Aufgabe.

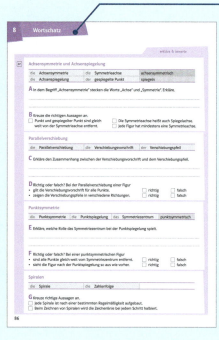

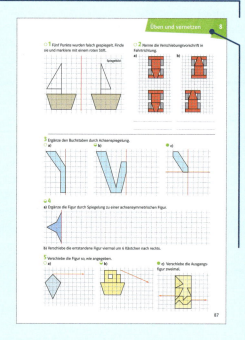

Begriffe vertieft üben
erkläre & bewerte
Wann verwendest du welchen Begriff? Wie hängen die Begriffe zusammen? Was passt zu dem Begriff und was nicht? Vertiefe dein Verständnis für die Begriffe, nachdem du die Aufgaben der Lerneinheiten bearbeitet hast.

Alles gut verstanden?!
Am Ende jedes Kapitels kannst du vermischt und vernetzt üben.

Die ausführlichen Lösungen zu allen Aufgaben findest du im Lösungsheft.

Symbole und Medien

○	Aufgabe auf einfachem Niveau
◐	Aufgabe auf mittlerem Niveau
●	Aufgabe auf schwierigem Niveau
➕	Zu dieser Aufgabe gibt es Tipps
💡	Tipp
SP	Sprachkompetenz

Aufwärmrunde

1 ✚ **Falten und Lochen**
a) Ein Din-A4-Papier wird zweimal durch Falten halbiert und dann wie abgebildet gelocht.

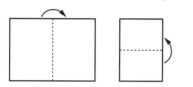

- Wie viele Löcher hat das aufgefaltete Papier?

    Das aufgefaltete Papier hat _____ Löcher.

- Welches Muster entsteht? Kreuze an.

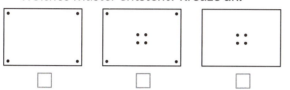

b) Nun wird ein DIN-A4-Papier dreimal gefaltet und wie abgebildet gelocht.
- Wie viele Löcher hat das aufgefaltete Papier?

    Das aufgefaltete Papier hat _____ Löcher.

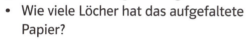

- Welches Muster entsteht? Kreuze an.

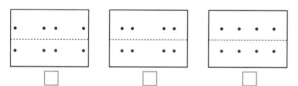

2 Magisches Dreieck
Setze die Zahlen 1; 2; 3; 4; 5 und 6 so in die Felder ein, dass die Summe der Zahlen einer Seite immer 10 ergibt.

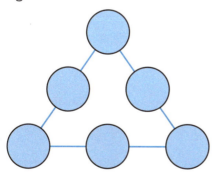

3 ✚ **Labyrinth**
Dieses Labyrinth stammt von einer Kirche in Frankreich. Zeichne den Weg durch das Labyrinth vom Start bis zu dem Kreis in der Mitte.

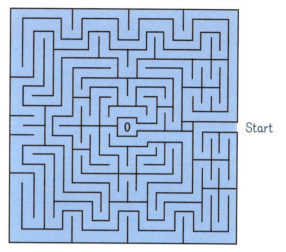

4 Schwer, schwerer, am schwersten

Knobi ist schwerer als Knobine.
Knobo ist schwerer als Knobold.
Knobi ist leichter als Knobold.
a) Wer ist am schwersten?

_____

b) Sortiere von schwer nach leicht.

_____

5 Zahlen in unserer Sprache
- **Aller guten Dinge sind drei.**
- **Sieben auf einen Streich.**

Schreibe zu zwei Zahlen eine ähnliche Redewendung auf.

_____

_____

💡 **1 Tipp**
Falte selbst und probiere es aus.

💡 **3 Tipp**
Benutze einen Bleistift, damit du bei Bedarf radieren kannst.

1 Daten

Fragen und Auswerten

erkenne & bestimme

die Strichliste	die Häufigkeitstabelle	
das Bilddiagramm	das Säulendiagramm	das Balkendiagramm

A Markiere Strichlisten rot und Häufigkeitstabellen blau.

🐶	🐱	🐭
ЖН I	ЖН ЖН III	ЖН IIII

	Hund	Katze	Maus
5a	12	9	8
5b	9	15	5

Fernsehzeit pro Woche
0 bis 4 Stunden   IIII
5 bis 9 Stunden   ЖН
10 bis 14 Stunden ЖН I
15 bis 19 Stunden II
20 bis 24 Stunden I
25 bis 29 Stunden II

	Gruppe 1	Gruppe 2
Hund	ЖН II	ЖН ЖН
Katze	ЖН I	ЖН III
Maus	ЖН IIII	ЖН

Tier	Anzahl
Hund	6
Katze	13
Maus	9

Jahrgang	5	6	7	8	9	10
Ehrenurkunden	5	7	12	9	10	5

B Markiere Bilddiagramme rot, Säulendiagramme blau und Balkendiagramme grün.

So viele Junge bekommt ein
Hamster
Zwergkaninchen
Meerschweinchen

Alter der Kinder
Anzahl
12 J. 13 J. 14 J. 15 J.

So trainieren unsere Spieler
mit Freunden
in der Schul-AG
im Sportverein

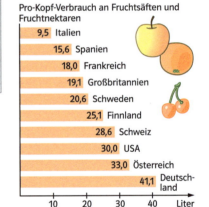

Pro-Kopf-Verbrauch an Fruchtsäften und Fruchtnektaren
9,5 Italien
15,6 Spanien
18,0 Frankreich
19,1 Großbritannien
20,6 Schweden
25,1 Finnland
28,6 Schweiz
30,0 USA
33,0 Österreich
41,1 Deutschland
10 20 30 40 Liter

So kommen die Kinder zur Schule
Auto
Bus
Fahrrad

Ehrenurkunden
Anzahl
Jg.5 Jg.6 Jg.7 Jg.8 Jg.9 Jg.10

Sportliche Spiele in der Pause
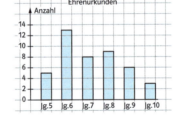
Fußball 61 | Basketball 27 | Hüpfspiele 12

C Verbinde passend.

- In der Strichliste werden die Anzahlen
- In der Häufigkeitstabelle werden die Anzahlen
- Im Bilddiagramm werden die Anzahlen
- Im Säulendiagramm werden die Säulen
- Im Balkendiagramm werden die Balken

- mit Zahlen notiert.
- waagerecht gezeichnet.
- senkrecht gezeichnet.
- mit Strichen notiert.
- mit Bildern dargestellt.

○1 48 Kinder wurden nach ihrem Lieblingstier befragt. Ergänze die fehlenden Angaben.

Tier	Hund	Katze	Kaninchen	Hamster	Pferd	Vogel
Anzahl (Striche)	ЖН ЖН		ЖН II		ЖН ЖН III	
Häufigkeit		9		6		3

4

Fragen und Auswerten

○ **2** Die Kinder der Klasse 5 haben ihre Körpergrößen gemessen.

Körpergröße (cm)	Anzahl Kinder
bis 145	6
146 bis 150	9
151 bis 155	10
ab 156	4

Erstelle ein Bilddiagramm. ☼ bedeutet ein Kind.

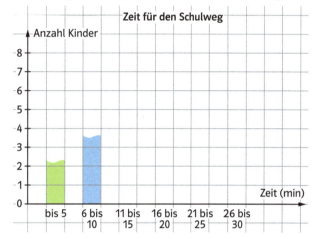

○ **3** Kinder wurden gefragt: „Wie viel Zeit in Minuten benötigst du ungefähr für deinen Schulweg?"

Zeit (min)	Anzahl Kinder
bis 5	6
6 bis 10	8
11 bis 15	7
16 bis 20	1
21 bis 25	5
26 bis 30	2

Zeichne ein Säulendiagramm.

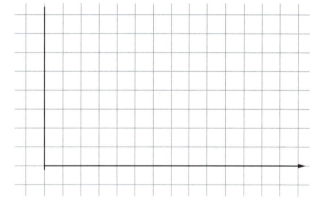

◐ **4** Mit diesen Verkehrsmitteln kommen die Kinder der Klasse 5 zur Schule.

Verkehrsmittel	Anzahl Kinder
Bahn/Bus	8
zu Fuß	12
Fahrrad	5
Auto	4

Zeichne ein Balkendiagramm. Denke an eine passende Beschriftung.

● **5** Schreibe auf, was bei diesen Diagrammen nicht stimmt.

 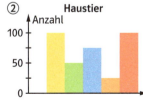  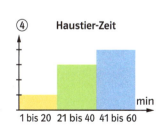

① _____

② _____

③ _____

④ _____

Große Anzahlen darstellen und runden

erkenne & bestimme

SP	die Rundungsstelle			
runden	aufrunden	abrunden	ungefähr

A Markiere Kärtchen zum **Aufrunden** rot und Kärtchen zum **Abrunden** blau.

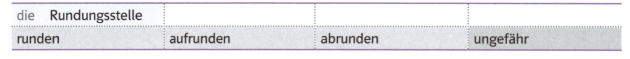

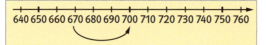

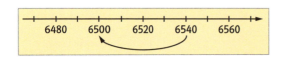 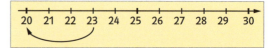

B Fülle die Lücken passend. Zwei Kärtchen brauchst du nicht.

| genauen | 5; 6; 7; 8; 9 | Rundungsstelle | ungefähr | 0; 1; 2; 3; 4 | gerundeten | 1; 2; 3; 4; 5 |

Beim Runden gebe ich für einen _____ Wert einer Zahl einen ungefähren Wert an.

Der Stellenwert, auf den ich runde, ist die _____ .

Bei den Ziffern _____ runde ich auf, bei den Ziffern _____

runde ich ab. Das Zeichen ≈ bedeutet _____ .

○ **1** Runde die Zahlen auf den gelben Kärtchen auf Zehner. Verbinde.

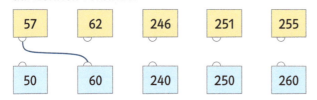

○ **2** Runde die Zahlen auf den gelben Kärtchen auf Hunderter. Verbinde.

○ **3** Runde auf **Hunderter**.

620 ≈ _____   384 ≈ _____
686 ≈ _____   4353 ≈ _____
750 ≈ _____   1960 ≈ _____

○ **4** Runde auf **Tausender**.

6666 ≈ _____   3367 ≈ _____
8750 ≈ _____   7999 ≈ _____
9844 ≈ _____   555 ≈ _____

○ **5** Runde auf **Zehntausender**.

54800 ≈ _____   33898 ≈ _____
72300 ≈ _____   185225 ≈ _____
36600 ≈ _____   55555 ≈ _____
999999 ≈ _____   5555 ≈ _____

◐ **6** Ergänze die richtige Ziffer. Eine Ziffer bleibt übrig.

| 3 | 4 | 5 | 6 | 7 | 8 | 9 |

a) ☐9 ≈ 70   b) ☐4 ≈ 50   c) ☐5 ≈ 50
d) ☐1 ≈ 70   e) ☐3 ≈ 30   f) ☐8 ≈ 100

Große Anzahlen darstellen und runden

7 ➕ Runde die Zahlen auf die in Klammern angegebene Stelle. Zu jeder Lösung gehört ein Buchstabe.

	Aufgabe	Lösung	Buchstabe
1	54 545 (H)	55 000	Y
2	54 545 (T)	40 000	O
3	45 544 (ZT)	54 500	P
4	54 455 (T)	45 500	G
5	45 445 (H)	50 000	T
6	45 454 (H)	54 000	H
7	44 555 (ZT)	45 000	A
8	54 445 (H)	45 400	A
9	45 454 (T)	44 000	S
10	44 455 (T)	54 400	R

Lösungswort:

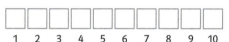

1 2 3 4 5 6 7 8 9 10

8 Die Besucherzahl bei einem Konzert wird in der Zeitung mit 67 500 angegeben.
a) Wie viele Besucher könnten da gewesen sein? Nenne drei Möglichkeiten.

_____   _____   _____

b) Die kleinste mögliche Besucherzahl ist

_____, die größte mögliche Besucher-

zahl ist _____ .

c) Wie würdest du die Zahlen in einem Zeitungsartikel runden?
Besucher eines Sportfests:

15 298 ≈ _____   3915 ≈ _____

Abonnenten einer Zeitung:

352 835 ≈ _____   59 789 ≈ _____

9 Bei welchen Angaben ist es sinnvoll zu runden? Kreuze an.
☐ Einwohnerzahl deines Wohnortes
☐ Kleidungsgröße
☐ Anzahl der Fußballer bei einem Fußballspiel
☐ Anzahl der Zuschauer bei einem Fußballspiel
☐ Telefonnummer
☐ Anzahl der Besucher einer Internetseite
☐ Datenvolumen eines Films
☐ Zeit für das Streamen eines Films

10 ➕ Zoe wohnt in Köln. Zoe ist mit Kindern aus verschiedenen Städten befreundet.
Runde die Entfernungen und ergänze das Balkendiagramm. Überlege dir vor dem Zeichnen, wie du die Rechtsachse einteilst.

Stadt	Entfernung (km)	gerundet (km)
① Berlin	478	
② Düsseldorf	35	
③ Hamburg	294	
④ München	363	
⑤ Kopenhagen	644	

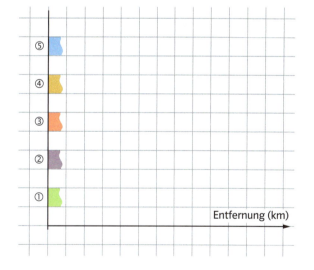

💡 7 Tipp

Auf **Hunderter (H)** runden: An der Zehnerziffer (Z) kannst du erkennen, ob ab- oder aufgerundet wird.   76**5**43 ≈ 76 500
                                                                      ↑
                                                                 Zehnerziffer

Auf **Tausender (T)** runden: An der Hunderterziffer (H) kannst du erkennen, ob ab- oder aufgerundet wird.   76**5**43 ≈ 76 500
                                                ↑
                                         Hunderterziffer

💡 10 Tipp

Unterteile die Achse so, dass der größte Wert gerundet eingezeichnet werden kann.
Wenn du 100 km auf 1 cm einzeichnest, ist es sinnvoll, auf Zehner zu runden.

Am größten, am kleinsten, in der Mitte

erkenne & bestimme

| die Rangliste | die Spannweite | das Minimum | der Zentralwert | das Maximum |

A Markiere die Werte.
- **Zentralwert** rot
- **Minimum** blau
- **Maximum** grün
- **Spannweite** orange

4 cm   6 cm   8 cm   11 cm   14,5 cm
⟵ 10,5 cm ⟶

B Welche Kärtchen zeigen eine Rangliste? Markiere.

| 1; 9; 10; 11; 15; 21 | | Lio; Sara; Kim; Milos; Kerim; Katka | | 9; 5; 5; 4; 2; 0 | | 1; 9; 10; 11; 11; 11 |

| 1 m; 7 m; 6 m; 6 m; 3 m | | 1 min; 9 min; 12 min; 13 min; 14 min | | Blau; Blau; Grün; Gelb; Orange |

C Setze die Wörter richtig in den Text ein. Ein Wort bleibt übrig.

Größe | Median | gleich | Spannweite | ungleich | Minimum | Zentralwert | Rangliste | Maximum

In einer _____ werden die Ergebnisse einer Befragung oder Messung nach ihrer _____ geordnet. Der kleinste Wert ist das _____, der größte Wert ist das _____. Der Unterschied zwischen dem kleinsten und dem größten Wert ist die _____. Der Wert in der Mitte der Rangliste ist der _____. Rechts und links vom Zentralwert liegen _____ viele Werte. Der Zentralwert heißt auch _____.

○**1** Mika trainiert für das Schwimmabzeichen in Gold. Beim Streckentauchen hat Mika diese Weiten geschafft:

9 m; 15 m; 17 m; 11 m; 8 m; 13 m; 20 m

a) Ordne die Werte in einer Rangliste.

_____

_____

b) Ergänze die Werte auf den Kärtchen.

Maximum	Besonders stolz ist Mika auf den Rekord von _____.
Minimum	Bei einem Versuch hatte Mika Probleme und hat nur _____ geschafft.
Spannweite	Mikas bester Wert lag _____ über seinem schlechtesten Wert.
Zentralwert	Dreimal hat es Mika über _____ geschafft, dreimal war es weniger.

Am größten, am kleinsten, in der Mitte

○ 2 ➕ Leas Zeiten beim 50-m-Brustschwimmen sind
79 s; 64 s; 71 s; 63 s; 76 s; 67 s.
a) Erstelle eine Rangliste.

_____

Bestimme.
Minimum _____   Maximum _____

Spannweite _____   Zentralwert _____

b) Ihre nächste Zeit ist 62 s.
Gib die neue Rangliste an.

_____

Bestimme erneut.
Minimum _____   Maximum _____

Spannweite _____   Zentralwert _____

Welche Werte ändern sich? Vergleiche mit a).

_____

◐ 3 ➕
a) Chen hat beim 50-m-Brustschwimmen mitgemacht. Chen kann sich nicht mehr an alle Zeiten erinnern. Ergänze die fehlenden Werte.

Rangliste _____ ; 65 s; 66 s; 69 s;

_____ ; 72 s; 72 s; _____

Minimum 62 s   Maximum _____

Spannweite 14 s   Zentralwert 70 s

b) Chen trainiert erneut 50-m-Brustschwimmen. Die Spannweite war 15 s und der Zentralwert 65 s. Schreibe eine mögliche Rangliste auf.

____ ; ____ ; ____ ; ____ ; ____ ; ____

◐ 4 ➕ Jan und Emin trainieren 600-m-Schwimmen.
a) Ergänze die fehlenden Zeiten und Begriffe.
Maximum   Minimum   Zentralwert

Jans Zeiten		Emins Zeiten
21 min		_____ min
23 min		22 min
24 min		23 min
_____ min	24 min	_____ min
29 min		27 min
_____ min		29 min

Spannweite Jan   Spannweite Emin
14 min   7 min

b) Wer von beiden war besser? Begründe.

_____

_____

c) Ergänze.
Den Gewinner erkennt man bei Schwimmzeiten

am _____ und beim

Streckentauchen am _____ .

● 5 Die Klasse 6a hat beim Schwimmtraining einen besseren Zentralwert als die Klasse 6b. Ist das schnellste Kind der 6a schneller als das schnellste Kind der 6b? Begründe.

_____

_____

_____

➕

💡 2 Tipp
Berechne den Zentralwert bei einer geraden Anzahl von Werten so: Addiere die beiden mittleren Werte und teile die Summe durch Zwei.

💡 3 Tipp
a) Berechne den fünften Wert der Rangliste mithilfe des vierten Werts und des Zentralwerts. Berechne das Maximum mithilfe der Spannweite und des Minimums.
b) Die Anzahl der Werte ist gerade. 65 s liegt genau zwischen den beiden mittleren Werten.

💡 4 Tipp
a) Minimum und Maximum können mit der Spannweite berechnet werden.
Der Zentralwert bei einer geraden Anzahl von Werten ist der Mittelwert der beiden mittleren Werte.
b) Berücksichtige das Minimum und die Spannweite.

1 Wortschatz

erkläre & bewerte

Fragen und Auswerten

die	Strichliste	die	Häufigkeitstabelle		
das	Bilddiagramm	das	Säulendiagramm	das	Balkendiagramm

A Wie unterscheiden sich Bilddiagramme, Balkendiagramme und Säulendiagramme? Erkläre.

_____

_____

B Kreuze die richtigen Aussagen an.
- ☐ In einer Häufigkeitstabelle wird die Anzahl eines Merkmals mit Zahlen angegeben.
- ☐ Damit eine Strichliste übersichtlich bleibt, wird jeder 4. Strich quer gesetzt.
- ☐ Die Daten einer Häufigkeitstabelle können in einem Diagramm darstellt werden.
- ☐ Diagramme sind genauer als Häufigkeitstabellen.

Große Anzahlen darstellen und runden

die	Rundungsstelle		
runden	aufrunden	abrunden	ungefähr

C Erkläre, wer recht hat.

Lean: „Große Zahlen werden gerundet, wenn eine genaue Angabe nicht nötig ist."

Jule: „Zahlen werden gerundet, wenn sie zu groß sind."

_____

_____

D Kreuze die richtigen Aussagen an.
- ☐ Beim Runden betrachtet man die Ziffer links von der Rundungsstelle.
- ☐ Bei den Ziffern 0; 1; 2; 3 oder 4 runde ich ab.
- ☐ Beim Runden verwendet man das Zeichen ≈.
- ☐ Beim Aufrunden ist die gerundete Zahl kleiner als die nicht gerundete Zahl.

Am größten, am kleinsten, in der Mitte

die	Rangliste	die	Spannweite	das	Minimum	der	Zentralwert	das	Maximum

E Erkläre, wofür eine Rangliste erstellt wird. Benutze die Begriffe „Maximum" und „Minimum".

_____

_____

F Nur eine Aussage ist richtig. Kreuze sie an.
- ☐ Der Zentralwert ist von allen Werten der Rangliste gleich weit entfernt.
- ☐ Die Spannweite ist größer als der Zentralwert.
- ☐ Der Zentralwert heißt auch Median.
- ☐ Der Zentralwert kann nur bei einer ungeraden Anzahl von Werten bestimmt werden.

Üben und vernetzen 1

1 Kim und Eike haben in ihrer Klasse nach den Hobbys gefragt.

Freunde besuchen, lesen, Sport, Computer, fernsehen, musizieren, Freunde besuchen, Sport, lesen, Computer, lesen, Computer, lesen, Computer, Freunde besuchen, musizieren, Freunde besuchen, Freunde besuchen, lesen, Computer, Sport, fernsehen, lesen, musizieren, fernsehen, Freunde besuchen, Computer, lesen, fernsehen, Sport, Freunde besuchen, lesen

Hobby	Anzahl (Striche)	Häufigkeit
Freunde besuchen	I	
lesen	I	
Sport	I	

a) Übertrage die Ergebnisse in die Tabelle.
b) Welches Hobby haben die meisten Kinder der Klasse? Wie viele Kinder sind es?

_____

c) Welches Hobby kommt am seltensten vor? Wie viele Kinder haben es?

_____

d) Zeichne ein Diagramm zu der Befragung.

2
a) Schreibe in Stichworten auf, was du aus dem Diagramm ablesen kannst.

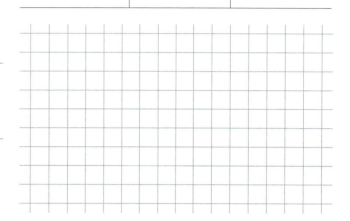

_____
_____
_____
_____
_____

b) Kannst du aus dem Diagramm ablesen, wie viele Kinder 1,47 m groß sind? Begründe.

_____
_____

3 Merle hat die Körpergrößen von sechs Kindern gemessen.

143 cm; 150 cm; 145 cm; 139 cm; 132 cm; 157 cm

a) Erstelle eine Rangliste.

_____

b) Bestimme.

Minimum _____   Maximum _____   Zentralwert _____   Spannweite _____

1 Üben und vernetzen

○ 4

a) Lies aus dem Diagramm ab, wie alt die Tierarten werden können.

Elefant: _____ Jahre   Pferd: _____ Jahre

Giraffe: _____ Jahre   Delfin: _____ Jahre

Tiger: _____ Jahre   Eichhörnchen: _____ Jahre

b) Trage die Angaben in dasselbe Diagramm ein.
Seehund: 40 Jahre   Schildkröte: 120 Jahre
Gorilla: 35 Jahre   Känguru: 20 Jahre
Panda: 30 Jahre   Papagei: 80 Jahre

c) Erstelle eine Rangliste für das Alter der Tiere.

In Jahren: _____

d) Bestimme.

Zentralwert _____ Jahre; Spannweite _____ Jahre

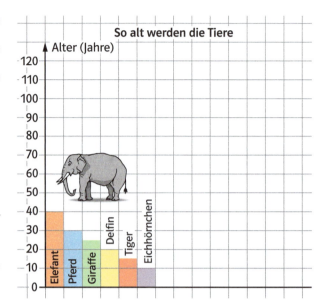

○ 5

a) Runde die Höhen der höchsten Berge auf Hunderter.

Berg	Höhe (m)	Kontinent
Denali	6193 ≈	
Elbrus	5642 ≈	
Mount Vinson	4897 ≈	
Aconcagua	6962 ≈	
Mount Everest	8848 ≈	
Kibo	5895 ≈	
Puncak Jaya	4884 ≈	

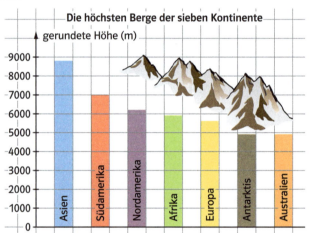

b) Ergänze die Kontinente in der Tabelle mithilfe des Diagramms.

● 6 Zu den Flusslängen soll ein Balkendiagramm gezeichnet werden. Überlege vor dem Zeichnen, wie du die Rechtsachse einteilst. Runde passend.

① Nil   6671 km ≈ _____
  (Afrika)
② Amazonas   6437 km ≈ _____
  (Südamerika)
③ Mississippi/Missouri 6021 km ≈ _____
  (Nordamerika)
④ Jangtsekiang   5526 km ≈ _____
  (China)
⑤ Wolga   3531 km ≈ _____
  (Europa)
⑥ Donau   2858 km ≈ _____
  (Europa)

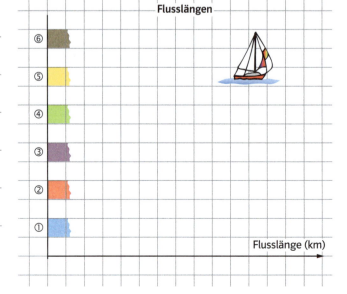

2 Brüche

Wir teilen gerecht

erkenne & bestimme

| die | Verteilsituation | das | Ganze | ein | Viertel |
| der | Anteil | der | Bruch | | |

A Kreuze an, in welcher Abbildung die ganze Pizza in Viertel aufgeteilt wurde.

☐   ☐  ☐

B Kreuze an, in welcher Abbildung eine Verteilsituation dargestellt ist.

☐  ☐  ☐

C Setze die Wörter richtig in den Text ein.

Wenn du eine ganze Pizza _____ an vier Kinder verteilst, dann erhält jedes Kind ein _____ . Der Anteil ist für jedes Kind _____ groß. Er wird durch den _____ „ein Viertel" beschrieben.

| Bruch | gleich |
| Viertel | gerecht |

○ **1** Fülle die Lücken.

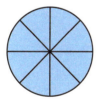

Der Kreis ist in _____ gleiche Teile zerlegt. Jeder Teil des Kreises ist _____ des Kreises.

○ **2** Teile die Pizzen gerecht. Skizziere deine Lösung und fülle die Lücke im Text.

Jedes Kind bekommt _____ einer Pizza.

○ **3** Es wird gerecht geteilt. Fülle die Lücken.

Anzahl Pizzen	Anzahl Kinder	Jedes Kind bekommt
🍕		ein Fünftel einer Pizza
🍕🍕	fünf	
🍕🍕	zwölf	
	acht	ein Viertel einer Pizza

◐ **4** Beschreibe in Worten.

Zwei Pizzen _____

verteilt. Jedes Kind bekommt _____

_____

2

Brüche darstellen

erkenne & bestimme

| der Bruch | der Bruchstrich | der Zähler | der Nenner |

A Markiere die Zähler rot, die Nenner blau und die Bruchstriche grün.

$$\frac{1}{2} \qquad \frac{3}{4} \qquad \frac{2}{8} \qquad \frac{5}{6}$$

B Setze die Wörter richtig in den Text ein.

| Ganze | Zähler | Teile | Nenner |

In einem Bruch gibt der _____ an, in wie viele Teile das _____ eingeteilt ist. Der _____ gibt an, wie viele _____ gemeint sind.

$\frac{3}{5}$

---

1 Fülle die Lücken im Text.

a) 5 Teile von ☐ gleich großen Teilen sind $\frac{5}{\square}$.

b) 4 Teile von ☐ gleich großen Teilen sind $\frac{\square}{\square}$.

c) 3 Teile von ☐ gleich großen Teilen sind $\frac{\square}{\square}$.

d) ☐ Teile von ☐ gleich großen Teilen sind $\frac{\square}{\square}$.

2 Benenne die Brüche.

a) = $\frac{\square}{\square}$

b) = $\frac{\square}{\square}$

c) = $\frac{\square}{\square}$

d) = $\frac{\square}{\square}$

3 Fülle die Lücken.

a) Nora nimmt 3 von ____ Stücken.
Das sind $\frac{3}{\square}$. Übrig bleiben $\frac{\square}{5}$.

b) Kilian nimmt 2 von ____ Stücken.
Das sind $\frac{\square}{\square}$. Übrig bleiben $\frac{\square}{\square}$.

4 Vervollständige die Sätze.

Jedes Kind erhält $\frac{2}{3}$ einer Pizza.

In dieser Verteilsituation gibt der Nenner die _____ _____ an.

Der Zähler gibt an, _____ _____ _____

Brüche darstellen 2

○ **5** Verbinde, was zusammengehört.

| 2 von 4 gleich großen Teilen | 4 von 6 gleich großen Teilen | 2 von 6 gleich großen Teilen |

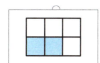 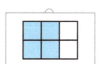

○ **6** Welcher Teil ist eingefärbt? Ergänze.

a) = ☐/☐   b) = ☐/☐

c) = ☐/☐   d) 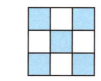 = ☐/☐

e) = ☐/☐   f) 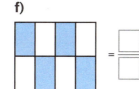 = ☐/☐

◐ **7** Färbe den angegebenen Anteil ein.

a) $\frac{4}{20}$ b) $\frac{3}{5}$

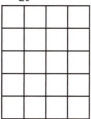 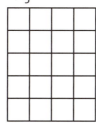

c) $\frac{5}{10}$ d) $\frac{3}{4}$

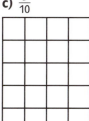 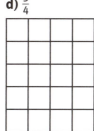

○ **8** Unterteile die Fläche und färbe den angegebenen Anteil.

a) $\frac{1}{3}$ b) $\frac{2}{3}$

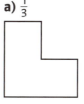

c) $\frac{1}{5}$ d) $\frac{4}{5}$

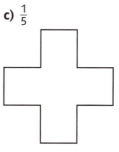 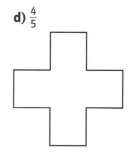

◐ **9** Wurde $\frac{1}{4}$ richtig eingezeichnet? Kreuze an und begründe.

a) ☐ richtig
☐ falsch, weil _____

b) ☐ richtig
☐ falsch, weil _____

c) ☐ richtig
☐ falsch, weil _____

◐ **10** Alle Kinder am Tisch sollen gleich viel Pizza erhalten. Vervollständige die Zeichnung.

a) Jedes Kind bekommt $\frac{4}{5}$ einer Pizza.

b) Jedes Kind bekommt $\frac{2}{3}$ einer Pizza.

Gleichwertige Brüche

erkenne & bestimme

SP | gleichwertig | | | |

A Wo werden die gleichwertigen Brüche richtig dargestellt? Markiere.

| $\frac{3}{4}$ ist gleich $\frac{6}{8}$ | $\frac{3}{4} < \frac{6}{8}$ | $\frac{3}{4} = \frac{6}{8}$ | $\frac{3}{4}$ ist ungefähr $\frac{6}{8}$ | |

 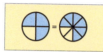 | drei Viertel ist genau so groß wie sechs Achtel |

B Schreibe die Satzteile in der richtigen Reihenfolge auf.

| Wenn du 3 Pizzen | | wenn du 6 Pizzen | | an 8 Kinder verteilst |
| erhält jedes Kind genau so viel Pizza, wie | | an 4 Kinder verteilst |

___

○ 1 Färbe die rechte Figur so ein, dass beide Brüche gleich groß sind.

a) 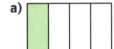 $\frac{1}{4} = \frac{3}{12}$

b) 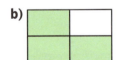 =

○ 2

a) Unterteile die Streifen passend und färbe die angegebenen Anteile ein.

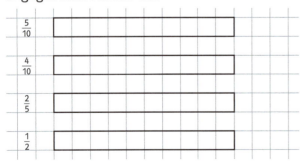

b) Welche Anteile aus a) sind gleich groß?

☐/☐ = ☐/☐ und ☐/☐ = ☐/☐

○ 3 Kreuze die gleichwertigen Brüche an.

☐ ☐ ☐

◐ 4 Schreibe zwei Brüche auf, die zu dem gegebenen Bruch gleichwertig sind.

a) $\frac{1}{8} = \frac{\ }{\ } = \frac{\ }{\ }$ b) $\frac{1}{4} = \frac{\ }{\ } = \frac{\ }{\ }$

c) $\frac{1}{3} = \frac{\ }{\ } = \frac{\ }{\ }$ d) $\frac{2}{5} = \frac{\ }{\ } = \frac{\ }{\ }$

◐ 5 Ergänze in der rechten Verteilsituation so viele Kinder und Pizzen, dass die Kinder in beiden Verteilsituationen gleich viel Pizza bekommen.

Brüche vergleichen

erkenne & bestimme

SP die Strategie vergleichen

A Die Brüche werden verglichen. Verbinde mit der passenden Vergleichsstrategie.

- Nenner vergleichen
- Brüche darstellen
- Zähler vergleichen
- Bruchstreifen verwenden

B Setze die Wörter richtig in den Text ein.

| größere Bruch | Zähler | Nenner | größeren Nenner |
| größeren Zähler | kleinere Bruch |

Vergleichst du zwei Brüche mit gleichem _____, dann ist der Bruch mit dem _____ der _____.

Vergleichst du zwei Brüche mit gleichem _____, dann ist der Bruch mit dem _____ der _____.

○ **1** Welcher Bruch ist größer, $\frac{3}{7}$ oder $\frac{3}{4}$?
Färbe die Streifen ein und vergleiche.

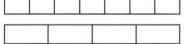

○ **2**
a) Färbe die Anteile in den Streifen.

b) Ordne die Anteile aus a) der Größe nach.

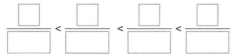

○ **3**
a) Gib die Brüche an, die dargestellt sind.

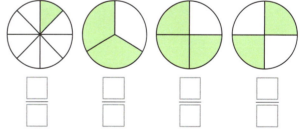

b) Sortiere die Brüche aus a) vom größten zum kleinsten Bruch.

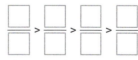

c) Trage den größten und den kleinsten Bruch aus a) ein und denke dir für die beiden mittleren Brüche selbst passende Brüche aus.

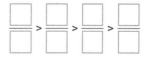

2 Brüche vergleichen

4 Gib an, welchen Anteil jedes Kind erhält und vergleiche.

a)

☐/☐   ☐   ☐/☐

b)

☐/☐   ☐   ☐/☐

5 <, > oder =?

a) $\frac{1}{9}$ ☐ $\frac{8}{9}$ b) $\frac{7}{9}$ ☐ $\frac{7}{10}$

c) $\frac{3}{9}$ ☐ $\frac{1}{3}$ d) $\frac{3}{6}$ ☐ $\frac{2}{4}$

6 Sind die Brüche gleichwertig? Kreuze an.

a) $\frac{4}{6}$ und $\frac{2}{3}$ b) $\frac{3}{5}$ und $\frac{3}{6}$

☐ ja ☐ nein   ☐ ja ☐ nein

c) $\frac{1}{7}$ und $\frac{2}{7}$ d) $\frac{2}{10}$ und $\frac{4}{20}$

☐ ja ☐ nein   ☐ ja ☐ nein

7 Wo befindet sich der blaue Sekundenzeiger nach der angegebenen Zeitspanne? Färbe die Zeitspanne in der Uhr ein.
Vergleiche dann und setze <, > oder = ein.

a) $\frac{1}{3}$ min   ☐ $\frac{2}{6}$ min

b) $\frac{1}{6}$ min   ☐ $\frac{2}{6}$ min

8 Welcher Bruch ist größer? Begründe.

a) $\frac{1}{4}$ oder $\frac{1}{2}$ _____

b) $\frac{2}{4}$ oder $\frac{2}{5}$ _____

9 Beschreibe, wie du diese Brüche vergleichst und setze <, > oder = ein.

a) $\frac{5}{9}$ ☐ $\frac{3}{9}$ _____

b) $\frac{4}{7}$ ☐ $\frac{4}{9}$ _____

10 Nahe an $\frac{1}{2}$?

$\frac{3}{8}$ $\frac{7}{8}$ $\frac{4}{9}$ $\frac{4}{7}$ $\frac{1}{3}$

$\frac{5}{10}$ $\frac{4}{6}$ $\frac{3}{6}$ $\frac{5}{7}$

a) Nenne die Brüche, die größer als $\frac{1}{2}$ sind.
_____

Der größte Bruch ist _____.

b) Nenne die Brüche, die kleiner als $\frac{1}{2}$ sind.
_____

Der kleinste Bruch ist _____.

c) Diese Brüche sind so groß wie $\frac{1}{2}$:
_____

d) Nenne drei weitere Brüche, die kleiner als $\frac{1}{2}$ sind.
_____

e) Nenne drei weitere Brüche, die größer als $\frac{1}{2}$ sind.
_____

Prozente

erkenne & bestimme

| ein Prozent | ein Hundertstel | die Prozentangabe |

A Markiere die Prozentangaben in den Bildern.

 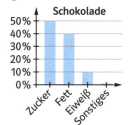 

B Setze die Wörter richtig in den Text ein. Ein Wort bleibt übrig.

Prozentangaben · Hundert · von Hundert · Anteile · Hundertstel

Prozentangaben sind auch _____. Prozent bedeutet „_____".

1 Prozent ist 1 _____.

20 %, 25 %, 50 % und 75 % sind häufige _____.

1 Gib den Anteil als Bruch und in Prozent an.

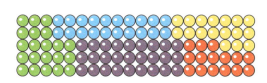

Rot: ▢/100 = ___ %   Gelb: ▢/▢ = ___ %

Grün: ▢/▢ = ___ %   Lila: ▢/▢ = ___ %

Blau: ▢/▢ = ___ %

2 ⊞ Ergänze die fehlenden Prozentangaben.

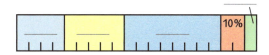

3 Verbinde passend.

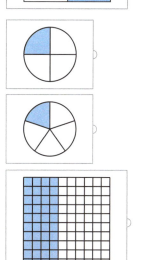 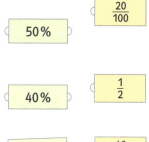 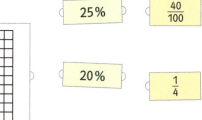

4 Vervollständige.

a) $\frac{3}{4} = \frac{\Box}{100} = $ ___ %   b) $\frac{3}{5} = \frac{\Box}{100} = $ ___ %

2 Tipp

Das rote Feld ist zwei Abschnitte breit und stellt 10 % dar. Überlege, wie groß ein Abschnitt ist.

2 Wortschatz

erkläre & bewerte

Wir teilen gerecht

| die | Verteilsituation | das | Ganze | ein | Viertel |
| der | Anteil | der | Bruch | | |

A Worauf musst du achten, wenn du ein Ganzes in Viertel aufteilst? Erkläre.

B In welcher der beiden Situationen würdest du Brüche verwenden, in welcher nicht? Begründe.

①    ②

Brüche darstellen

| der | Bruch | der | Bruchstrich | der | Zähler | der | Nenner |

C

a) Erkläre, warum alle Brüche den gleichen Zähler haben, aber verschiedene Nenner.

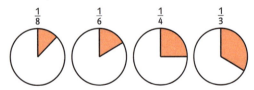

$\frac{1}{8}$ $\frac{1}{6}$ $\frac{1}{4}$ $\frac{1}{3}$

b) Erkläre, warum alle Brüche den gleichen Nenner haben, aber verschiedenen Zähler.

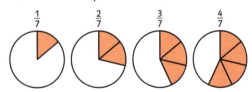

$\frac{1}{7}$ $\frac{2}{7}$ $\frac{3}{7}$ $\frac{4}{7}$

D Kreuze die wahren Aussagen an.
- ☐ Wenn man ein Ganzes in viele Teile unterteilt, hat der Bruch einen großen Nenner.
- ☐ Wenn man mehrere Teile eines Ganzen zusammennimmt, ist der Zähler größer als Eins.
- ☐ Der Zähler steht immer unter dem Bruchstrich.
- ☐ Über dem Bruchstrich steht, wie viele Teile vom Ganzen gemeint sind.
- ☐ Unter dem Bruchstrich steht, in wie viele Teile das Ganze aufgeteilt wurde.
- ☐ Ein Viertel eines großen Kuchens ist genau so groß wie ein Viertel eines kleinen Kuchens.

Wortschatz 2

Brüche vergleichen

| die | Strategie | vergleichen | |

E Erkläre mit eigenen Worten, wie du Brüche vergleichen kannst.

_____

_____

_____

F Beschreibe eine Situation, in der gleichwertige Brüche vorkommen. Erkläre, was „gleichwertig" in dieser Situation bedeutet.

_____

_____

_____

G Kreuze die richtige Aussage an.
- ☐ Gleichwertige Brüche haben immer gleiche Nenner.
- ☐ Beim Vergleichen von Brüchen kann ich die Strategie selbst auswählen.
- ☐ Zum Vergleichen kann man jeden Bruch bildlich darstellen.
- ☐ Der Bruch mit dem größten Zähler ist immer auch der größte Bruch.

Prozente

| ein | Prozent | ein | Hundertstel | die | Prozentangabe |

H Erkläre die beiden Umwandlungsschritte mit eigenen Worten.

$$\frac{2}{5} = \frac{40}{100} = 40\,\%$$

_____

I Erkläre die Gemeinsamkeiten der beiden Beispiele.

Brüche in Prozent umwandeln
$$\frac{4}{5} = \frac{80}{100} = 80\,\%$$

gleichwertige Brüche erzeugen
$$\frac{1}{2} = \frac{2}{4} = \frac{3}{6}$$

_____

_____

_____

J Kreuze die richtigen Aussagen an.
- ☐ Jedes Ganze lässt sich in Hundertstel unterteilen.
- ☐ Jede Prozentangabe lässt sich als Bruch mit dem Nenner Hundert schreiben.
- ☐ Hundert Ganze sind immer 100 Prozent.
- ☐ Es gibt auch Prozentangaben, die größer als 100 % sind.
- ☐ Große Mengen kann man nicht in Hundertstel unterteilen.
- ☐ 1 % ist immer ein Hundertstel.

2 Üben und vernetzen

1 Färbe $\frac{3}{4}$ der Fläche ein. Teile die Fläche zuerst in gleich große Teile.

a)  b) 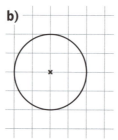 c) 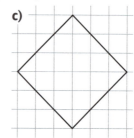 d)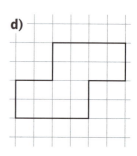

2 Stimmt da was nicht? Wenn ja, erkläre, was falsch ist.

a)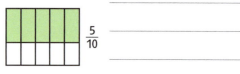

b)

c)

d)

3

a) Gib an, wie viel Apfel die Kinder in den verschiedenen Verteilsituationen erhalten.

A   B   C

Jedes Kind erhält ☐/☐ Apfel.   Jedes Kind erhält ☐/☐ Apfel.   Jedes Kind erhält ☐/☐ Apfel.

b) In welcher Verteilsituation erhält jedes Kind am meisten Apfel? In _____

4 Vervollständige zu gleichwertigen Brüchen.

a) $\frac{1}{4} = \frac{\square}{8} = \frac{4}{\square}$ b) $\frac{1}{8} = \frac{3}{\square} = \frac{\square}{16}$

c) $\frac{2}{3} = \frac{\square}{9} = \frac{12}{\square}$ d) $\frac{4}{10} = \frac{2}{\square} = \frac{\square}{15}$

e) $\frac{3}{4} = \frac{\square}{100} = \_\_\_\%$ f) $\frac{3}{5} = \frac{\square}{100} = \_\_\_\%$

5 In einem Tierpark gibt es 15 Rehe und 9 Hirsche.

a) Gib den Anteil der Rehe auf zwei Arten als Bruch an.

☐/☐ = ☐/☐

b) Gib den Anteil der Hirsche auf zwei Arten als Bruch an.

☐/☐ = ☐/☐

2 Üben und vernetzen

6 Vergleiche die Brüche.

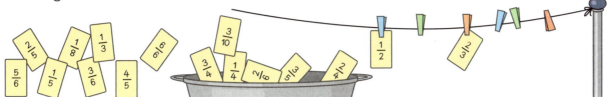

a) Suche dir mindestens vier Paare von Brüchen heraus und vergleiche sie.

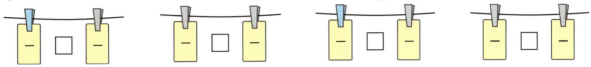

b) Beschreibe an einem Beispiel, wie du erkennst, welcher Bruch der größere ist.

_____

7 Vergleiche die Brüche und setze <, > oder = ein.

a) $\frac{1}{2}$ ☐ $\frac{4}{8}$ b) $\frac{6}{7}$ ☐ $\frac{3}{8}$ c) $\frac{5}{8}$ ☐ $\frac{5}{9}$ d) $\frac{3}{6}$ ☐ $\frac{5}{6}$ e) $\frac{2}{3}$ ☐ $\frac{3}{4}$

f) $\frac{12}{21}$ ☐ $\frac{4}{7}$ g) $\frac{1}{5}$ ☐ $\frac{1}{8}$ h) $\frac{3}{5}$ ☐ $\frac{6}{10}$ i) $\frac{5}{6}$ ☐ $\frac{4}{5}$ j) $\frac{3}{3}$ ☐ $\frac{10}{10}$

8 Ergänze fehlende Werte und zeichne die Anteile im Streifendiagramm ein.

Grün: 25 % = $\frac{\square}{100}$ Rot: _____ % = $\frac{20}{100}$ Weiß: _____ % = $\frac{\square}{\square}$

Gelb: 15 % = $\frac{\square}{\square}$ Blau: _____ % = $\frac{35}{100}$

9 Ergänze fehlende Werte und zeichne die Anteile im Kreis ein.

Grün: 50 % = $\frac{\square}{\square}$ Rot: 25 % = $\frac{\square}{\square}$

Gelb: _____ % = $\frac{15}{100}$ Blau: _____ % = $\frac{10}{100}$

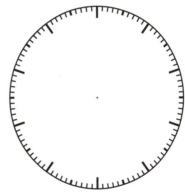

10 Welche Bruchteile von einem Meter sind dargestellt? Gib die Anteile in Zentimetern und in Prozent an.

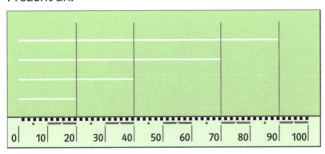

$\frac{90}{100}$ m = _____ cm; _____ % von 1 m

$\frac{\square}{100}$ m = _____ cm; _____ % von 1 m

$\frac{\square}{100}$ m = _____ cm; _____ % von 1 m

$\frac{\square}{100}$ m = _____ cm; _____ % von 1 m

3 Zahlen

Aufteilen und Anordnen

erkenne & bestimme

| der Teiler | das Vielfache | die Rechteckanordnung |

A Kreise die Punktmengen ein, in denen du Teiler oder Vielfache erkennen kannst.

B Setze die Wörter richtig in den Text ein. Ein Wort brauchst du nicht.

| Teiler | mehrere | Rechteckanordnung | unendlich | Punkten |

Jede Zahl lässt sich mit _____ darstellen. In einer _____ kannst du zwei _____ ablesen. Lassen sich zu einer Zahl mehrere Rechtecke legen, so hat sie auch _____ Teiler.

1 Ordne diese Punktmenge als Rechteck an. Es gibt mehrere Möglichkeiten.

2
a) Zeichne das 5-Fache zu dieser Punktmenge in einer Rechteckanordnung.

b) Gib alle Teiler zu dieser Menge an und zeichne die passenden Rechteckanordnungen.

Die Teiler von _____ sind:
_____ .

3 Kreise alle Zahlen ein, die keine Vielfachen von 6 sind. Löse im Kopf.

12   20   25   30
34   40   42   66

4 Bestimme im Kopf vier Zahlen, die
a) nur drei Teiler haben.

____ ____ ____ ____

b) mehr als drei Teiler haben.

____ ____ ____ ____

c) weniger als vier Teiler haben.

____ ____ ____ ____

d) genau vier Teiler haben.

____ ____ ____ ____

Teilbarkeit

erkenne & bestimme

SP | die Quersumme | der Rest | die Endstellenregel | die Quersummenregel

A Bringe die Satzteile in die richtige Reihenfolge und notiere den Satz.

| Quersumme einer Zahl | Ziffern der Zahl | Ich berechne die | addiere. | indem ich alle |

_____

B Kreuze an, welche Teilbarkeitsregel angewendet wurde.
a) 16 ist teilbar durch 2
☐ Endstellenregel
☐ Quersummenregel

b) 15 ist teilbar durch 3 und 5
☐ Endstellenregel
☐ Quersummenregel

c) 513 ist teilbar durch 9
☐ Endstellenregel
☐ Quersummenregel

C Verbinde die passenden Kärtchen miteinander.

Eine Zahl ist durch 2 teilbar		wenn die letzte Stelle eine gerade Ziffer ist.
Eine Zahl ist durch 10 teilbar		wenn beim Teilen ein Rest übrigbleibt.
Eine Zahl ist durch 9 teilbar		wenn die letzte Stelle eine Null ist.
Eine Zahl ist durch eine andere Zahl nicht teilbar		wenn die Quersumme durch 9 teilbar ist.

○ **1** Schreibe sechs Zahlen auf, die durch 5 und durch 10 teilbar sind.

_____   _____   _____

_____   _____   _____

○ **2** Bilde die Quersumme der Zahlen und überprüfe, ob sie durch 9 und durch 3 teilbar sind.

Zahl	Quersumme	teilbar durch
3699		
75 009		
714		
153		

○ **3** Bilde aus den Ziffern möglichst viele Zahlen, die durch 2 teilbar sind.

| 4 | 7 | 0 | 3 |

_____

_____

○ **4**

a) Kreise die Zahlen ein, die durch 3 teilbar sind.

75   222   406   508   6007

b) Kreise die Zahlen ein, die durch 9 teilbar sind.

81   118   181   1818   88111

◉ **5** Ergänze die fehlenden Ziffern so,
a) dass die Zahlen durch 3 teilbar sind.

| 278___ | 123___ | 67___8 |

b) dass die Zahlen durch 9 teilbar sind.

| 9___55 | 99___99 | 4___567 |

○ **6** Gib drei Zahlen an,
a) die durch 2 aber nicht durch 10 teilbar sind.

_____   _____   _____

b) die durch 3 aber nicht durch 5 teilbar sind.

_____   _____   _____

Primzahlen und Quadratzahlen

erkenne & bestimme

| die Primzahl | die Quadratzahl |

A Kreuze an, welcher Zahlentyp hier dargestellt ist.

① ☐ Primzahl ☐ Quadratzahl

② ☐ Primzahl ☐ Quadratzahl

③ ☐ Primzahl ☐ Quadratzahl

④ ☐ Primzahl ☐ Quadratzahl

B Bringe die Satzteile in die richtige Reihenfolge. Ein Kärtchen brauchst du nicht.

Wenn du _____

_____ .

Kärtchen: eine Quadratzahl | erhältst du | eine Primzahl | eine Zahl | multiplizierst | mit sich selbst

C Vervollständige den Satz.

_____ haben nur zwei Teiler.

1 Färbe alle Zahlen, die keine Primzahlen sind.

29 18 13 22
  19   21 7
    11
30   35   31

2 Gib alle Primzahlen zwischen 40 und 50 an.

_____

3 Verbinde Kärtchen, die zusammengehören.

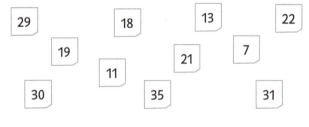

4 Begründe, warum die Zahl keine Primzahl ist.

a) 86 ist keine Primzahl, weil _____ .

b) 110 _____ .

c) 99 _____ .

5 Schreibe alle Quadratzahlen zwischen 200 und 300 auf und beschreibe, wie du sie gefunden hast.

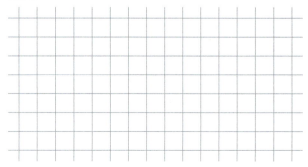

Potenzen

erkenne & bestimme

das Produkt	der Faktor	die Potenz
die Basis	die Hochzahl	der Wert der Potenz

A Kreise alle **Potenzen** rot und alle **Produkte** blau ein.

5^2 $2 \cdot 5$ $7 \cdot 3$

9^3 $4 \cdot 9$ 10^4

B Ergänze die passenden Begriffe.

_____   _____

$2 \cdot 2 \cdot 2 = 2^3 = 8 \leftarrow$ _____

_____   _____

---

1 Fülle die Lücken.

$3 \cdot 3$ $4 \cdot 4$ ___ · ___

$= 3^2 = 9$ $=$ ___ $=$ ___ $=$ ___ $=$ ___

2 Schreibe das Produkt als Potenz und berechne den Wert der Potenz.

a) $4 \cdot 4 \cdot 4 = 4^3 = $ _____

b) $1 \cdot 1 \cdot 1 \cdot 1 \cdot 1 \cdot 1 = $ _____

c) $2 \cdot 2 \cdot 2 \cdot 2 = $ _____

d) $10 \cdot 10 \cdot 10 \cdot 10 \cdot 10 = $ _____

e) $9 \cdot 9 \cdot 9 = $ _____

f) $6 \cdot 6 \cdot 6 = $ _____

3 Schreibe als Produkt und berechne.

a) $1^7 = 1 \cdot 1 \cdot 1 \cdot 1 \cdot 1 \cdot 1 \cdot 1 = $ _____

b) $5^2 = $ _____

c) $7^3 = $ _____

d) $4^4 = $ _____

e) $6^3 = $ _____

4 Berechne. Vergleiche dann und setze <, > oder = ein.

a) $3^3 = $ _____ und $3 \cdot 3 = $ _____ ,

also ist 3^3 ☐ $3 \cdot 3$.

b) $2^5 = $ _____ und $2 \cdot 5 = $ _____ ,

also ist 2^5 ☐ $2 \cdot 5$.

c) $10^6 = $ _____ und $10 \cdot 6 = $ _____ ,

also ist 10^6 ☐ $10 \cdot 6$.

5 Messer aus Damaszener Stahl werden durch Falten von dünnem Stahlblech hergestellt. Wie viele Schichten Blech liegen nach fünfmal Falten übereinander?

Zahlenfolgen und Muster

erkenne & bestimme

die Zahlenfolge | die Bildungsregel | die Figurenfolge | das Folgenglied

A Ergänze fehlende Begriffe. Zeichne die nächste Figur und setze die Zahlenfolge fort.

1 4 5 8 ☐
+3 +1 +3 +1

B Setze die Wörter richtig in den Text ein.

Folgenglieder | Zahlenfolge | Bildungsregel

Willst du eine _____ fortführen, musst du zuerst die _____ finden. Damit kannst du die nächsten _____ bestimmen.

1 Zeichne die nächsten Figuren und schreibe die dazu passende Zahlenfolge auf.
a)
3 5 ☐ ☐ ☐
+2 +3 +2 +3

b)
2 3 6 ☐ ☐
+1 ·2 +1 ·2

2 Gib die Bildungsregel der Zahlenfolge an.
a) 1 5 8 10 14 17

Bildungsregel: _____

b) 10 11 9 10 8 9

Bildungsregel: _____

3 Ergänze die Zahlenfolge.
a) Addiere in jedem Schritt 3.
4 ☐ ☐ ☐ ☐

b) Multipliziere in jedem Schritt mit 3.
3 ☐ ☐ ☐ ☐

c) Abwechselnd 2 addieren und 3 subtrahieren.
25 ☐ ☐ ☐ ☐

d) Abwechselnd mit 2 multiplizieren und 3 subtrahieren.
4 ☐ ☐ ☐ ☐

4 Bilde eine Zahlenfolge von der Startzahl zur Zielzahl. Gib die Bildungsregel an.
a) Zahlenfolge:
2 _____ 20
Bildungsregel: _____

b) Zahlenfolge:
50 _____ 10
Bildungsregel: _____

Zahldarstellungen und Stellenwerte

erkenne & bestimme

| der | Stellenwert | das | dezimale Stellenwertsystem |
| die | ägyptischen Hieroglyphen | die | römischen Zahlen |

A Markiere jeweils die **Tausenderstelle** rot und die **Zehnerstelle** blau.

13125   7831   20703   345678   9111   463

B Verbinde die Zahldarstellungen mit den richtigen Bezeichnungen.

ägyptische Hieroglyphen   dezimales Stellenwertsystem   römische Zahl

MDLV   ⅡⅠ ∩∩ ⦀   1234   DCCCV

C Setze die Wörter an der richtigen Stelle ein.

rechts   Ziffer   größeren Stelle   dezimalen   Zehnfache

Im _____ Stellenwertsystem hängt der Wert einer _____ von der Stelle ab, an der sie steht. Von _____ nach links beträgt der Wert der _____ immer das _____ der vorherigen Stelle.

○ **1** Schreibe mit Ziffern in die Stellenwerttafel.
a) Viertausendzweihundertneun
b) Achthunderttausend
c) Zweimillionensiebenhundertzwanzigtausend

	Mio.	HT	ZT	T	H	Z	E
a)							
b)							
c)							

◐ **2** Große Zahlen haben viele Stellen.
a) Gib die Anzahl der Nullen an.

1 Milllion (Mio.) hat _____ Nullen.

1 Milliarde (Mrd.) hat _____ Nullen.

1 Billion (Bio.) hat _____ Nullen.

1 Billiarde (Brd.) hat _____ Nullen.

b) Beschreibe, wie sich die Anzahl der Nullen bei den großen Zahlen verändert.

_____

_____

○ **3** Schreibe die Zahlen mit Abkürzungen.
Beispiel: 17 000 000 = 17 Mio.

a) 900 000 = _____

b) 15 000 000 = _____

c) 23 000 000 000 = _____

d) 4 000 000 000 000 = _____

● **4** Der Bau eines Einfamilienhauses kostet ca. 500 000 €. Wie viele Einfamilienhäuser könnte man für 1 Mrd. € bauen?
Beschreibe deine Überlegungen:

_____

_____

_____

3 Zahldarstellungen und Stellenwerte

5 Gib die Anzahl der Tiere mit ägyptischen Hieroglyphen an.
a)
b)

6 Schreibe diese ägyptischen Zahlen mit unseren Ziffern.
a)
b)
c)

7 Schreibe in unserem Dezimalsystem.
a) III = _____   b) IX = _____
c) XXV = _____   d) XIV = _____
e) LXX = _____   f) IL = _____
g) CLX = _____   h) CXIX = _____
i) MCXII = _____   j) CDIV = _____

8 Schreibe in römischen Zahlen.
a) 13 = _____   b) 17 = _____
c) 30 = _____   d) 33 = _____
e) 58 = _____   f) 59 = _____
g) 86 = _____   h) 155 = _____
i) 322 = _____   j) 2023 = _____

9 Welche Entfernungen liest du von dem Meilenstein ab, der vor etwa 2000 Jahren an einer römischen Landstraße stand?

Nach Noverciam sind es 51 Meilen.
Nach Capuam sind es _____ Meilen.
Nach Muranum sind es _____ Meilen.
Nach Cosentiam sind es _____ Meilen.
Nach Valentiam sind es _____ Meilen.
Nach Regium sind es _____ Meilen.

10 Auf welche Weise ähneln die ägyptischen Zahlen mehr unserem Dezimalsystem als die römischen Zahlen?

_____
_____
_____
_____
_____
_____
_____
_____

---

5 Tipp

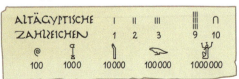

7 Tipp

M = 1000 wie (lat.) mille
D = 500   die Hälfte von M
C = 100   wie (lat.) centum
L = 50   die Hälfte von C
X = 10   das Doppelte von V
V = 5   als Symbol einer Hand
I = 1   als Symbol eines Fingers.

Meisterlich rechnen

erkenne & bestimme

die Addition	die Multiplikation	die Subtraktion	die Division
die Summe	das Produkt	die Differenz	der Quotient
im Kopf rechnen	halbschriftlich rechnen	schriftlich rechnen	

A Kreuze an, in welchen Rechenaufgaben schriftlich gerechnet wird.

☐ Multipliziere: 25 · 48

·	40	8	
20	800	160	960
5	200	40	240
			1200

☐ Dividiere 3836 : 7

3836 : 7 = 548
− 35
　 33
　− 28
　　 56
　　− 56
　　　 0

☐ Subtrahiere: 3427 − 584

　 3 4 2 7
−　 5 8 4
　 1 1
　 2 8 4 3

☐ Addiere: 230 + 180

230 + 180 = 410

B Verbinde die Rechnungen mit den passenden Begriffen.

46 − 34 = 12	Addition	Faktor	Differenz
12 + 34 = 46	Multiplikation	Dividend und Divisor	Produkt
11 · 15 = 165	Subtraktion	Summand	Quotient
165 : 11 = 15	Division	Subtrahend und Minuend	Summe

○ **1** Berechne im Kopf.

a) 42 + 7 = _____
77 + 22 = _____
61 + 18 = _____

b) 11 + _____ = 59
53 + _____ = 78
24 + _____ = 67

c) 76 − 32 = _____
97 − 44 = _____
80 − 55 = _____

d) 67 − _____ = 44
99 − _____ = 17
83 − _____ = 26

e) 42 + 17 − _____ = 50
78 − 16 + _____ = 72
99 − _____ + 9 = 89

f) 34 − 17 + 3 = _____
69 + 13 − 14 = _____
58 − 49 + 21 = _____

○ **2** Berechne schriftlich.

a)
```
  1 4 2 1 5
+ 5 0 2 4 1
+ 1 1 2 1 2
-----------
```

b)
```
  2 3 1 3 4
+ 1 6 3 9 0
+ 9 7 4 0 2
-----------
```

c)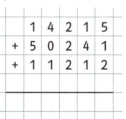

d)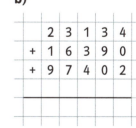

3 Meisterlich rechnen

3 Ergänze die fehlenden Ziffern.

a)
	7	1	3	4
+			1	6	7
	9	7		9

b)
	9		7		1
+			3	4	5
	1	9		9	7

4 Hier haben sich Fehler eingeschlichen. Korrigiere sie.

a)
```
    1 2 8
 +  2 3 1
  -------
    4 5 9
```

b)
```
    5 6 8
 -  2 3 6
  -------
    3 9 2
```

c)
```
    2 8 2
 +  3 3 6
  -------
    5 1 8
```

d)
```
    7 0 6
 -  2 7 3
  -------
    5 7 3
```

5 Setze die Ziffern 1; 2; 3; 6; 7; 8 so ein, dass das Ergebnis

a) möglichst groß ist.

☐☐☐ + ☐☐☐ = _____

b) möglichst groß ist

☐☐☐ − ☐☐☐ = _____

c) möglichst klein ist.

☐☐☐ + ☐☐☐ = _____

d) genau 900 beträgt.

☐☐☐ + ☐☐☐ = 900

6 Multipliziere im Kopf.

a) 5 · 7 = _____
   9 · 8 = _____
   6 · 7 = _____

b) 9 · _____ = 81
   8 · _____ = 56
   6 · _____ = 90

c) 3 · 12 = _____
   9 · 11 = _____
   3 · 13 = _____

d) _____ · 4 = 48
   _____ · 6 = 60
   _____ · 3 = 51

7 Berechne mit einem Malkreuz.

a) 56 · 38

b) 49 · 17

8 Berechne schriftlich.

4 2 3 · 1 6

1 7 1 · 3 2

9 Ergänze die fehlenden Ziffern.

a)
```
      · 5 3 8
   ----------
     2 2 0 2
```

b)
```
    3 ·
          8
      3 0 7
      5 3 8
```

10 Dividiere im Kopf.

a) 64 : 8 = _____
b) 36 : 9 = _____
c) 42 : 7 = _____
d) 90 : 3 = _____
e) 72 : 8 = _____
f) 75 : 15 = _____
g) 49 : 7 = _____
h) 220 : 22 = _____

11 Welche Zahlen fehlen hier?

a) 72 : _____ = 9
b) 350 : _____ = 7
c) _____ : 5 = 6
d) _____ : 80 = 90
e) 150 : 30 = _____
f) 640 : _____ = 8

12 Dividiere schriftlich.

a) 4 2 6 : 6 =

b) 6 3 0 : 1 5 =

Wortschatz 3

erkläre & bewerte

Aufteilen und Anordnen

| der | Teiler | das | Vielfache | die | Rechteckanordnung |

A Erkläre, wobei eine Rechteckanordnung hilfreich sein kann.

Primzahlen und Quadratzahlen

| die | Primzahl | die | Quadratzahl | | |

B Erkläre, was eine Primzahl ist.

C Kreuze die richtigen Aussagen an.
- ☐ Zu jeder Zahl gibt es eine Quadratzahl.
- ☐ Primzahlen können auch drei Teiler haben.
- ☐ Quadratzahlen haben nur drei Teiler.
- ☐ Quadratzahlen können auch Primzahlen sein.
- ☐ Die Teiler einer Zahl sind nie größer als die Zahl selbst.

Teilbarkeit

| die | Quersumme | der | Rest | die | Endstellenregel | die | Quersummenregel |

D Beschreibe, wann du die Endstellenregeln und wann du die Quersummenregel anwendest.

Die Endstellenregel

Die Quersummenregel

Potenzen

| das | Produkt | der | Faktor | die | Potenz |
| die | Basis | die | Hochzahl | der | Wert der Potenz |

E Erkläre, was die Hochzahl einer Potenz angibt.

F *Jedes Produkt kannst du als Potenz schreiben.*
Dieser Satz ist falsch! Ergänze zu einer richtigen Aussage und notiere.

3 Wortschatz

SP Zahlenfolgen und Muster

| die Zahlenfolge | die Bildungsregel | die Figurenfolge | das Folgenglied |

G Erkläre, wie du die Bildungsregel für eine Zahlenfolge herausfindest.

_____

_____

H Verbinde die Satzteile, die zusammengehören.

- Für jede Zahlenfolge → können unendlich fortgesetzt werden.
- Wenn in einer Zahlenfolge die Folgenglieder immer kleiner werden, → kannst du eine Bildungsregel finden.
- Figurenfolgen mit wachsenden Figuren → dann endet sie irgendwann bei Null oder geht in die negativen Zahlen über.

Zahldarstellungen und Stellenwerte

| der Stellenwert | das dezimale Stellenwertsystem |
| die ägyptischen Hieroglyphen | die römischen Zahlen |

I Erkläre, wie die Ägypter früher große Zahlen dargestellt haben.

_____

J Nenne Unterschiede zwischen den römischen Zahlen und unserem dezimalen Stellenwertsystem.

Römische Zahlen	Dezimales Stellenwertsystem

Meisterlich rechnen

die Addition	die Multiplikation	die Subtraktion	die Division
die Summe	das Produkt	die Differenz	der Quotient
im Kopf rechnen	halbschriftlich rechnen	schriftlich rechnen	

K Erkläre, wie du mithilfe des Malkreuzes halbschriftlich multiplizieren kannst.

·	40	8	
20	800	160	960
5	200	40	240
			1200

_____

_____

Üben und vernetzen 3

1 Bilde mit den Ziffern möglichst viele Zahlen, die durch 2 teilbar sind.

_____

_____

_____

2 Ergänze so, dass die Zahl durch 3 teilbar ist.

a) 5 2 ▢ 3   b) 9 8 ▢   c) ▢ 2 6 4

3
a) Notiere jeweils den Wert der Potenz zu allen Quadratzahlen von 5^2 bis 10^2.

_____ _____ _____ _____ _____ _____

b) Kreise alle Werte in a) ein, die durch 9 teilbar sind.

c) Sind unter den Zahlen aus a) auch Primzahlen? Begründe deine Antwort.

_____

_____

4 Setze die Zahlenfolge fort.

III, VI, IX, XII _____ _____ _____

Bildungsregel: _____

5 Schreibe die ägyptischen Zahlen mit römischen Zahlzeichen.

a) 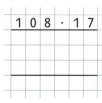 = _____

b) = _____

6 Addiere senkrecht und waagerecht.

a)
26	58	84
63	19	
89		166

b)
35	16	
67	25	
		143

7 Berechne schriftlich.

a) 7 9 4 · 1 2

b) 3 9 2 : 1 4 =

c) 1 0 8 · 1 7

d) 5 1 0 : 1 5 =

8 Setze die Rechenzeichen +, – und · so ein, dass die Rechnung stimmt. Beachte, dass Punktrechnung vor Strichrechnung gilt.

a) 12 ▢ 3 ▢ 3 ▢ 17 = 20

b) 4 ▢ 4 ▢ 5 ▢ 1 = 20

c) 18 ▢ 2 ▢ 28 ▢ 12 = 20

d) 53 ▢ 18 ▢ 17 ▢ 3 = 20

e) 3 ▢ 16 ▢ 7 ▢ 95 = 20

9 Trage die Einwohnerzahlen in die Stellenwerttafel ein. Sortiere die Städte der Größe nach.

Stadt	Einwohner	Million			Tausend						Städte nach Größe sortiert
		H	Z	E	H	Z	E	H	Z	E	
Essen	582 415				5	8	2	4	1	5	
Berlin	3 664 088										
Frankfurt a. M.	764 104										
Hannover	534 049										
Köln	1 083 498										
Hamburg	1 852 478										

4 Längen

Stadtplan

erkenne & bestimme

| der Stadtplan | das Gitternetz | das Gitterfeld |

A Welche Bilder zeigen Stadtpläne? Kreuze an.

☐   ☐   ☐   ☐   ☐

B Setze die Wörter richtig in den Text ein. Ein Wort bleibt übrig.

| Stadtplan | Gitternetz | Kartenteil | Gitterfelder | Zahlen | Straßenverzeichnis |

Ein _____ hilft dir dabei, dich in einer Stadt zurechtzufinden. Wenn du eine

bestimmte Straße suchst, kannst du sie mit dem _____ finden.

Als Orientierungshilfe ist über den Stadtplan ein _____ gelegt, das die Stadt

in rechteckige _____ einteilt. Die Lage der Gitterfelder kannst du mit den

Buchstaben und _____ am Rand eindeutig beschreiben.

1 Vanja, Ulli, Tommy und Ike wohnen in Krefeld.

Karte 1: Stadtplan Krefeld

○ **a)** Finde die Straßen, in denen die Kinder wohnen, und schreibe die Gitterfelder auf.

Vanja
Mozartstraße
_____

Uli
Hunzingerstraße
_____

Tommy
Taubenstraße
_____

Ike
Uerdinger Straße
_____

◐ **b)** Ergänze. In diesen Gitterfeldern liegen:

| Schulen | Parks | der Zoo |

● **c)** Vanja und Uli gehen von der Gesamtschule zum Grotenburg-Stadion.
Zeichne den Weg in die Karte ein und erstelle eine Wegbeschreibung.

_____
_____
_____
_____
_____
_____

Koordinatensystem

erkenne & bestimme

| das | Koordinatensystem | der | Rechtswert | der | Hochwert | der | Nullpunkt |
| die | Koordinaten | die | Rechtsachse | die | Hochachse | | |

A Welche Bilder zeigen Koordinatensysteme? Kreuze an.

  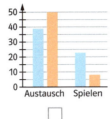 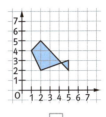

Name	Zeit
Niklas	8
Philipp	7
Benni	4
Lars	4

☐ ☐ ☐ ☐ ☐

B Setze die Wörter richtig ein.

Koordinatensystem | Hochwert | Rechtswert | Hochachse | Rechtsachse | größten

Wenn ich ein _____ plane,
sehe ich mir die Koordinaten der Punkte an. Die
Länge der Rechtsachse wird bestimmt durch den
_____ Rechtswert. Die
Länge der _____ hängt
vom größten Hochwert ab.

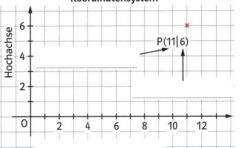

○ **1** Ergänze die Koordinaten der Punkte.

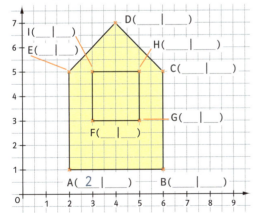

D(___|___) I(___|___) H(___|___) E(___|___) C(___|___) G(___|___) F(___|___) A(2|___) B(___|___)

○ **2** Lies die Koordinaten der Punkte ab.
Zeichne die Punkte D und E ein.
A(__|__); B(__|__); C(__|__); D(4|1); E(9|3)

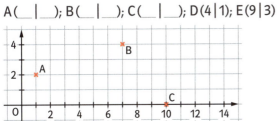

○ **3** Zeichne die Punkte ein. Verbinde sie in alphabetischer Reihenfolge: A(4|3); B(8|0); C(6|4); D(9|7); E(5|6); F(1|8); G(3|5); H(0|1).

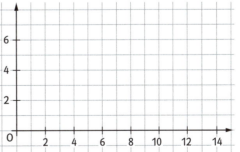

○ **4** Zeichne die Punkte ein. Verbinde sie in alphabetischer Reihenfolge: A(1|0); B(2|2); C(3|3); D(5|3); E(6|2); F(6|1); G(3|1).

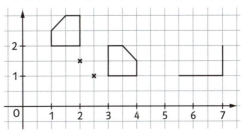

4 Koordinatensystem

5 Vervollständige das Koordinatensystem für die Punkte A(2|3); B(8|4); C(1|6) und D(5|0). Zeichne die Punkte ein.

6 Plane ein Koordinatensystem für die angegebenen Punkte.

a) A(11|4); B(0|3); C(2|9); D(8|5)

Die Rechtsachse hat mindestens ____ Einheiten,

die Hochachse hat mindestens ____ Einheiten.

b) E(14|5); F(7|0); G(18|11); H(25|13); I(15|20)

Die Rechtsachse hat mindestens ____ Einheiten,

die Hochachse hat mindestens ____ Einheiten.

7 Allea und Elo reisen in den Ferien quer durch Deutschland.

a) Zeichne ihre Reiseroute in die Karte ein und ergänze die Städtenamen in der Tabelle.

Punkt	Stadt
A(6|22)	Dortmund
B(13|26)	
C(14|32)	
D(24|26)	
E(20|20)	
F(25|19)	
G(21|17)	
H(17|4)	
I(10|8)	
J(9|15)	
K(1|19)	
L(4|22)	

b) Stelle selbst eine Tour zusammen und gib die Punkte an:

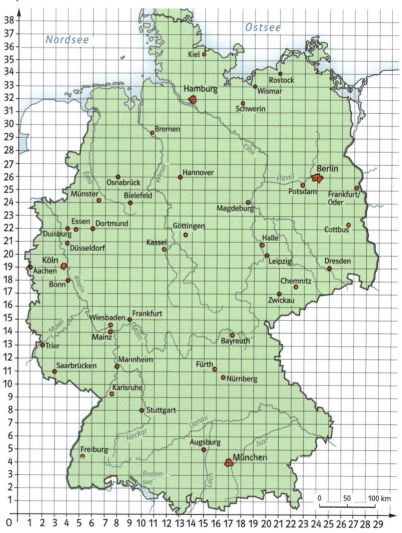

+ 💡 **5 Tipp**

Der Punkt _____ hat den größten Rechtswert, nämlich _____. Deshalb plane ich nach rechts _____ Einheiten ein.

Der Punkt _____ hat den größten Hochwert, nämlich _____. Deshalb plane ich nach oben _____ Einheiten ein.

Längen

erkenne & bestimme

die Längeneinheit	der Kilometer	der Meter
der Dezimeter	der Zentimeter	der Millimeter

A Kreuze alle Längeneinheiten an.
☐ Millimeter ☐ Minute ☐ Hektar ☐ Kilometer ☐ Kilogramm ☐ Quadratkilometer
☐ cm ☐ g ☐ dm ☐ m² ☐ m ☐ ct ☐ s

B Wie heißen die Längeneinheiten? Ergänze.

1 Ordne die Längen zu. Verbinde.

2,2 km   4 mm   1 cm   15 cm   6 m

2 Trage die fehlenden Längeneinheiten ein.

Eike geht morgens 400 _____ bis zur Bushaltestelle. Dort wartet Matz. Er ist 5 _____ größer als Eike. Mit dem Bus fahren sie 4,5 _____ bis zur Schule. Vor der ersten Stunde klemmt Eike ein 3 _____ dickes Stück Pappe unter ein Tischbein. Jetzt wackelt der Tisch nicht mehr. Von Eikes Platz bis zur Tafel sind es 7 _____. Mit der neuen Brille kann er jetzt auch wieder die etwa 4 _____ großen Zahlen darauf erkennen.

3 Ergänze.

a) 1 cm = _____ mm   b) 2 cm = _____ mm
   1 dm = _____ cm   3 dm = _____ cm
   1 m = _____ dm   4 m = _____ dm
   1 km = _____ m   5 km = _____ m

4 Ergänze.

a) 1000 m = _____ km   b) 6000 m = _____ km
c) 10 dm = _____ m   d) 70 dm = _____ m
e) 10 cm = _____ dm   f) 80 cm = _____ dm
g) 10 mm = _____ cm   g) 90 mm = _____ cm

5 Zerlege, wie im Beispiel.

8050 m = 8000 m + 50 m
       = 8 km 50 m

a) 3700 m = _____ m + _____ m
          = _____ km _____ m

b) 5020 m = _____ m + _____ m
          = _____ km _____ m

c) 9009 m = _____ m + _____ m
          = _____ km _____ m

Längen

6 Schreibe in der angegebenen Einheit.

> Dieses Arbeitsheft hat eine Höhe von 297 mm und eine Breite von 210 mm. Kims Zimmer ist 4,6 m lang und 295 cm breit. Der Schulhof ist 74,6 m breit. Danys Schulweg ist 4,75 km lang.

a) Höhe des Arbeitsheftes: _____ cm
b) Breite des Arbeitsheftes: _____ cm
c) Länge des Zimmers: ____ m ____ cm
d) Breite des Zimmers: ____ m ____ cm
e) Breite des Schulhofs: ____ m ____ cm

7 Schreibe in der angegebenen Einheit.

a) 5,55 m = _____ cm   b) 6,06 km = _____ m
   5,5 km = _____ m   0,6 km = _____ m
   5,5 dm = _____ cm   6,6 cm = _____ mm

c) 7 m 7 dm = _____ m   d) 880 cm = _____ m
   7 m 7 cm = _____ m   88 dm = _____ m
   7 m 7 mm = _____ m   888 mm = _____ cm

8 >, < oder =? Setze richtig ein.

a) 5,5 cm ☐ 55 mm   b) 8,6 km ☐ 8 km 60 m
   5,5 km ☐ 5 km 5 m   8,66 m ☐ 860 cm
   5,05 m ☐ 5 m 5 cm   0,86 km ☐ 86 dm

9 Ordne die Längen der Größe nach. Beginne mit der kleinsten Länge.

a) 1,1 km; 1010 m; 1,001 km; 1101 m _____
b) 2 m 3 dm; 233 cm; 2,03 m; 22 dm _____

10 Markiere die Längenangaben auf dem Maßband.

a) $\frac{1}{2}$ dm   b) $\frac{1}{2}$ cm   c) $\frac{3}{4}$ dm   d) $1\frac{1}{2}$ dm   e) $1\frac{1}{4}$ dm   f) $16\frac{1}{2}$ cm

11 Welche der Längenangaben stimmen mit dem ersten Wert überein? Kreuze an.

a) 25 cm   ☐ 2 dm 5 cm   ☐ 0,25 m   ☐ $\frac{1}{4}$ dm   ☐ $\frac{1}{4}$ m   ☐ 250 mm
b) 75 m   ☐ $\frac{3}{4}$ km   ☐ $\frac{3}{4}$ dm   ☐ 0,75 km   ☐ 750 dm   ☐ 0,075 km
c) 15 dm   ☐ 150 cm   ☐ 0,015 km   ☐ $1\frac{1}{2}$ m   ☐ $1\frac{1}{2}$ cm   ☐ 1,5 m

6 Tipp

	km	m H	m Z	m E	dm	cm	mm
a)					2	9	7
b)							
c)							
d)							
e)							

9 Tipp
Wandle zuerst alle Längenangaben in die gleiche Einheit um.

10 Tipp
$\frac{1}{4} = 0{,}25$; $\frac{1}{2} = 0{,}5$; $\frac{3}{4} = 0{,}75$

Längen addieren und subtrahieren

erkenne & bestimme

| addieren | subtrahieren | der Übertrag |

A Markiere Aufgaben zum Addieren von Längen blau und Aufgaben zum Subtrahieren von Längen grün. Markiere die Überträge rot.

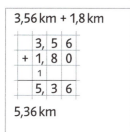

3,56 km + 1,8 km

5,36 km

97 · 65 cm

6305 cm = 63,05 m

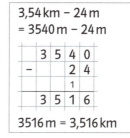

3,54 km − 24 m
= 3540 m − 24 m

3516 m = 3,516 km

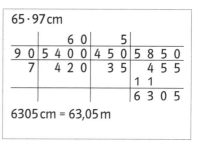

65 · 97 cm

6305 cm = 63,05 m

B Setze die Wörter richtig in den Text ein.

| Komma | subtrahiere | Einheit | wandle |

Wenn ich Längen addiere oder _____, müssen sie dieselbe _____ haben. Längen mit verschiedenen Einheiten _____ ich vor dem Rechnen in eine gemeinsame Einheit um. Längen mit Komma in derselben Einheit schreibe ich Komma unter _____.

○ **1** Rechne im Kopf.

a) 12 cm + 14 cm = _____ cm

b) 24 m + 8 m = _____ m

c) 45 dm − 15 dm = _____

d) 36 km − 27 km = _____

○ **2** Wandle zuerst um. Dann rechne. Gib das Ergebnis in beiden Einheiten an.

a) 7 cm + 5 mm = _____ mm + 5 mm
= _____ mm = _____ cm

b) 12 mm + 3 cm = _____ mm + _____ mm
= _____ = _____

c) 4 km − 250 m = _____
= _____

d) 6 cm + 25 mm = _____
= _____

e) 5,2 m − 4 dm = _____
= _____

○ **3** Wandle zuerst um. Dann rechne.

a) 32 mm + 6 cm = _____ cm + 6 cm
= _____

b) 2,7 m − 12 dm = 2,7 m − _____
= _____

c) 600 m + 6,6 km = _____
= _____

d) 4,1 km − 700 m = _____
= _____

○ **4** Richtig (r) oder falsch (f)? Kontrolliere und verbessere die Lösung, wenn sie falsch ist.

a) 5 cm + 5 mm = 55 mm _____

b) 5 m + 5 cm = 55 cm _____

c) 5 dm + 5 cm = 5,5 dm _____

d) 50 cm − 5 mm = 55 mm _____

e) 5 dm − 50 mm = 55 cm _____

f) 5,5 km − 500 m = 5 km _____

4 Längen vervielfachen

erkenne & bestimme

SP | vervielfachen

A Markiere die Aufgaben, in denen Längen vervielfacht werden.

3,56 km + 1,8 km	97 · 65 cm	3,54 km − 24 m = 3540 m − 24 m	65 · 97 cm
3,56 + 1,80 = 5,36	97 · 65 = 582 + 485 = 6305	3540 − 24 = 3516	65 · 97 = 5850 + 455 = 6305
5,36 km	6305 cm = 63,05 m	3516 m = 3,516 km	6305 cm = 63,05 m

B Setze die Wörter richtig in den Text ein. Ein Wort bleibt übrig.

Einheit   wandle   Vervielfachen   Komma

Vor dem _____ einer Länge mit Komma wandle ich in eine kleinere

Einheit ohne _____ um. Das Ergebnis wandle ich wieder in die

ursprüngliche _____ um.

1 Rechne im Kopf.

a) 11 m · 6 = _____ m

b) 12 cm · 5 = _____ cm

c) 3 · 13 dm = _____ dm

d) 4 · 25 km = _____ km

2 Verbinde zu passenden Aufgaben.

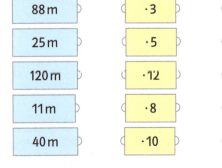

88 m	· 3	= 125 m
25 m	· 5	= 880 m
120 m	· 12	= 360 m
11 m	· 8	= 480 m
40 m	· 10	= 88 m

3 Ergänze.

a) 11 cm · _____ = 99 cm

b) 13 m · _____ = 52 m

c) _____ · 15 mm = 90 mm

d) _____ · 17 m = 51 m

4 Berechne.

a) 4,20 m · 3   4,20 m = _____ cm

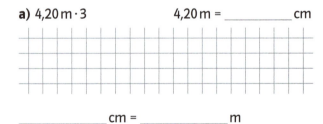

_____ cm = _____ m

b) 3,5 cm · 9   3,5 cm = _____ mm

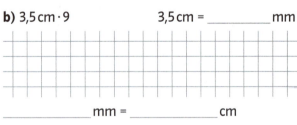

_____ mm = _____ cm

c) 7,6 cm · 5   7,6 cm = _____

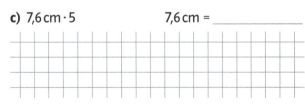

d) 5,24 m · 6   5,24 m = _____

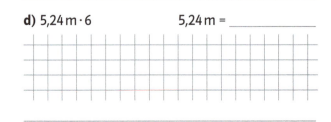

Längen teilen

erkenne & bestimme

aufteilen	teilen	

A Markiere alle Aufgaben zum Teilen und Aufteilen von Längen.

97 · 65 cm

```
  9 7 · 6 5
      5 8 2
      4 8 5
    1 1
  6 3 0 5
```
6305 cm = 63,05 m

8,50 m : 10
8,50 m = 850 cm
850 cm : 10 = 85 cm

9,28 m − 5,72 m
```
  9, 2 8 m
− 5, 7 2 m
      1
  3, 5 6 m
```

6 m : 0,5 m
0,50 m = 50 cm und
6 m = 600 cm
600 cm : 50 cm = 12

3,56 m + 5,72 m
```
  3, 5 6 m
+ 5, 7 2 m
     1
  9, 2 8 m
```

B Setze die Wörter richtig in den Text ein.

dieselbe   aufteilen   Einheiten

Wenn du eine Strecke in gleich große Teile _____ möchtest, wandle vor dem Rechnen

Längen mit unterschiedlichen _____ in die _____ Einheit um.

○ **1** Wie viele Teile sind es? Rechne im Kopf.

a) 42 m : 7 m = ____   b) 44 cm : 2 cm = ____

c) 48 mm : 6 mm = ____   d) 36 km : 4 km = ____

e) 39 cm : 3 cm = ____   f) 45 dm : 5 dm = ____

○ **2** ➕ Ein Geschenkband wird in gleich große Stücke geschnitten. Wie viele Stücke sind es?

a) 4,15 m : 5 cm

4,15 m = _____ cm

Es sind ____ Stücke.

b) 16,2 cm : 9 mm

16,2 cm = _____ mm

Es sind ____ Stücke.

○ **3** ➕ Wie lang sind die Stücke?
36,56 m : 8

36,56 m = _____ cm

_____ cm = _____ m

Die Stücke sind

_____ m lang.

⊖ **4** Eine Strecke ist 56 km lang. Erkläre, was das Ergebnis der Rechnung angibt.

a) 56 km : 7 km = ____

_____

_____

b) 56 km : 7 = ____

_____

_____

➕ 💡 **2 Tipp**
Du kannst auch schrittweise teilen.

4 1 5	:	5	=	
4 0 0	:	5	=	
1 5	:	5	=	
4 1 5	:	5	=	

1 6 2	:	6	=	
1 2 0	:	6	=	
	:	6	=	
1 6 2	:	6	=	

💡 **3 Tipp**
Schriftlich teilen

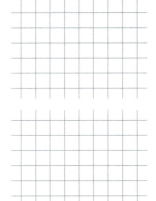

4 Wortschatz

erkläre & bewerte

Stadtplan und Koordinatensystem

der	Stadtplan	das	Gitternetz	das	Gitterfeld		
das	Koordinatensystem	die	Koordinaten	die	Rechtsachse	die	Hochachse

A Beschreibe, wie du die Lage eines Ortes auf dem Stadtplan und die Lage eines Punktes im Koordinatensystem angibst.

Auf dem Stadtplan

Im Koordinatensystem

B Kreuze richtige Aussagen an.
☐ Die Lage der Gitterfelder im Stadtplan wird mit Buchstaben und Zahlen am Rand beschrieben.
☐ Auf dem Stadtplan werden die Straßen mithilfe von Koordinaten beschrieben.
☐ Im Koordinatensystem wird die Lage eines Punktes durch Koordinaten beschrieben.
☐ Der erste Wert der Koordinaten ist der Hochwert, der zweite ist der Rechtswert.

Längen

die	Längeneinheit	der	Kilometer	der	Meter
der	Dezimeter	der	Zentimeter	der	Millimeter

C Erkläre den Zusammenhang zwischen den Längeneinheiten.

D Richtig oder falsch? Kreuze an.
Millimeter, Zentimeter und Kilogramm sind Längeneinheiten. ☐ richtig ☐ falsch
Eine sinnvolle Längeneinheit zum Messen der Türhöhe ist Meter. ☐ richtig ☐ falsch
Dezimeter ist die größte Längeneinheit. ☐ richtig ☐ falsch

Längen addieren und subtrahieren, Längen vervielfachen und Längen teilen

addieren	subtrahieren	der	Übertrag
vervielfachen	aufteilen		teilen

E Erkläre, was du beim Addieren, Subtrahieren und Teilen von Längen beachten musst.

F Kreuze richtige Aussagen an.
☐ Längen mit Komma darf man nicht addieren oder subtrahieren.
☐ Wenn du eine Länge vervielfachst, multipliziere sie mit der Zahl, die angibt, wie oft die Länge addiert wird.
☐ Längen können aufgeteilt oder in andere Längen geteilt werden.

Üben und vernetzen 4

1 Jona schaut in den Stadtplan.

a) In welchen Gitterfeldern befinden sich
- die Grenzstraße? _____
- die Kirchen? _____

b) Jona wohnt in der Haydnstraße. Am Samstag besucht er Maxime in der Gustav-Wilhelm-Straße. Beschreibe den Weg mithilfe des Stadtplans.

_____

_____

_____

_____

2 Lies die Koordinaten der Punkte ab. Zeichne die Punkte D und E ein.

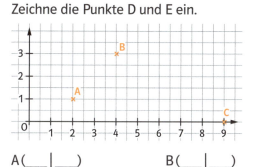

A(__|__)   B(__|__)
C(__|__)   D(0|3)   E(7|2)

3 Zeichne die Punkte in ein Koordinatensystem und verbinde sie in alphabetischer Reihenfolge.
A(1|2); B(5|0); C(9|2); D(7|6); E(5|4); F(3|6)

4 Schreibe in der angegebenen Einheit.

a) 9 cm = _____ mm   b) 8,5 m = _____ cm
c) 6 dm = _____ cm   d) 7,2 km = _____ m
e) 5 km = _____ m   f) 1,9 m = _____ cm

5 Berechne.

a) 5 cm + 10 mm = _____
b) 300 m + 3 km = _____
c) 6 cm − 30 mm = _____
d) 4 km − 400 m = _____

6 Berechne.

a) 36,5 cm + 73,4 cm   b) 28,04 m − 173 cm
c) 4,20 m · 3   d) 76,8 cm : 4

7 Finde den Weg durch das Labyrinth. Jedes Feld darf nur einmal betreten werden.

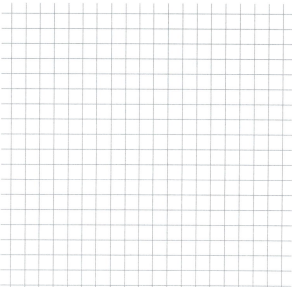
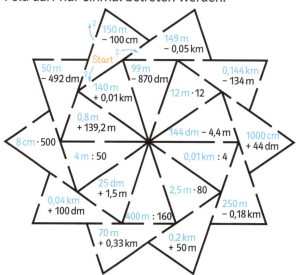

5 Zeiten

Kleine Zeiteinheiten

erkenne & bestimme

| die | Zeiteinheit | der | Tag | die | Stunde |
| die | Minute | die | Sekunde | | |

A Auf welchen Bildern geht es um Zeiten? Kreuze an.

B Ergänze die Zeiteinheiten. Du kannst sie mehrfach einsetzen.

Stunde · Sekunde · Minuten · Tag

Heute steht Joel, wie an jedem _____, um 6:30 Uhr auf. Im Bad verbringt Joel eine halbe _____ . Das Frühstück dauert 10 _____ . Um 7:15 Uhr verlässt Joel das Haus. Er schafft es gerade noch vor der Abfahrt in den Bus einzusteigen. „Das war knapp – eine _____ später und ich hätte ihn verpasst.", denkt Joel. Die Busfahrt dauert eine halbe _____ . Vor der Schule wartet schon Maxi. Sie plaudern noch ein paar _____ , bis sie in ihre Klasse gehen.

1 Ordne die Uhrzeiten richtig zu.

12:20 Uhr · 22:10 Uhr · 7:45 Uhr · 0:20 Uhr · 19:45 Uhr · 10:10 Uhr

2 Welche Uhrzeiten sind hier dargestellt? Nenne jeweils zwei Möglichkeiten.

Kleine Zeiteinheiten

3 Gib an, wie lange es dauert.

a) Eine Mathematikstunde: _____

b) Die große Pause: _____

c) Dein längster Schultag: _____

d) Dein Schulweg: _____

e) Deine nächsten Ferien: _____

4 Wandle in die kleinere Zeiteinheit um.

a) 5 min = _____ s   b) 4 h = _____ min

c) 8 min = _____ s   d) 7 h = _____ min

e) 20 h = _____ min   f) 2 d = _____ h

5 Wandle in die größere Zeiteinheit um.

a) 180 s = _____ min   b) 120 min = _____ h

c) 240 s = _____ min   d) 300 min = _____ h

e) 48 h = _____ d   f) 96 h = _____ d

6 >, < oder =? Vergleiche.

a) 3 min ☐ 300 s   b) 40 h ☐ 4 d

c) 3 h ☐ 300 min   d) 400 min ☐ 4 h

e) 3 d ☐ 30 h   f) 5 min ☐ 30 s

g) 80 h ☐ 4 d   h) 6 h ☐ 400 min

i) 7 d ☐ 180 h   j) 10 min ☐ 600 s

7 Wandle in die angegebene Einheit um.

a) 6 d = _____ h   b) 96 h = _____ d

c) 240 s = _____ min   d) 1440 min = _____ d

e) 1 h = _____ s   f) 12 h = _____ d

8 Mit den Buchstaben der Ergebnisse erhältst du als Lösung eine Redensart.

6 h in der nächstkleineren Einheit _____

Rechne $2\frac{1}{2}$ Tage in Stunden um. _____

$4\frac{1}{4}$ h = _____ min _____

Was ist länger: 1¼ h oder 80 min? _____

$1\frac{1}{2}$ h in der nächstkleineren Einheit _____

10 min weniger als 2 h _____

480 s in der nächstgrößeren Einheit _____

$1\frac{3}{4}$ h = _____ min _____

10 800 Sekunden in Stunden _____

45 min weniger als 3 Stunden _____

Was ist länger: $2\frac{1}{2}$ h oder 160 min? _____

Wie viele Stunden haben $3\frac{1}{2}$ Tage? _____

$\frac{1}{2}$ Stunde länger als eine $\frac{3}{4}$ Stunde _____

Was ist kürzer: $1\frac{3}{4}$ h oder 110 min? _____

Gib $3\frac{3}{4}$ h in min an. _____

$1\frac{3}{4}$ h wird um $\frac{3}{4}$ h verlängert. _____

8 min H	360 min I	$1\frac{3}{4}$ h E	255 min Z
3 h N	$2\frac{1}{4}$ h D	75 min Z	110 min C
90 min I	225 min I	80 min E	84 h R
160 min E	60 h M	$2\frac{1}{2}$ h T	105 min E

Lösung: ___ ___ ___ ___ ___ ___ ___ ___ ___ ___ ___ ___

---

4 Tipp

1 d = 24 h
1 h = 60 min
1 min = 60 s

Tag	d
Stunde	h
Minute	min
Sekunde	s

3 min = _____ s

Rechne: 3 · 60 = 180; also 3 min = 180 s

5 Tipp

300 s = _____ min

Rechne: 300 : 60 = 5; also 300 s = 5 min

6 Tipp

Wandle im Kopf in die kleinere Zeiteinheit um.

Zeitspannen und Zeitpunkte

erkenne & bestimme

| die Zeitspanne | der Zeitpunkt |

A Markiere Zeitspannen blau und Zeitpunkte rot.

10:15 Uhr — 1h 30 min — 11:45 Uhr

Tom verlässt das Haus. — Toms Schulweg — Tom erreicht die Schule.
7:25 Uhr — 35 min — 8:00 Uhr

B Ergänze. Ein Kärtchen bleibt übrig.

| eine Zeitspanne | die Zeit | einen Zeitpunkt | zwei Zeitpunkte |

Eine Zeitspanne wird durch _____ festgelegt.

Wenn du „Wie lange …?" fragst, geht es um _____.

Wenn du „Wann …?" fragst, geht es um _____.

1 Ergänze.

a)

Zeitpunkt Tom geht los.	Zeitspanne Wegdauer	Zeitpunkt Tom kommt an.
8:00 Uhr	35 min	___ Uhr
12:05 Uhr	50 min	___ Uhr
17:05 Uhr		17:20 Uhr
10:00 Uhr		11:00 Uhr
___ Uhr	45 min	16:00 Uhr
___ Uhr	30 min	18:45 Uhr

b)

Abfahrt	Fahrtdauer	Ankunft
8:00 Uhr		12:15 Uhr
8:25 Uhr	4 h 30 min	
	3 h 20 min	11:50 Uhr
10:15 Uhr		16:25 Uhr

2 Niki fährt 47 Minuten mit dem Bus zum Sport. Berechne, wann Niki ankommt. Teile die Fahrzeit dazu auf.

a) Hinweg zum Sport
Abfahrt
14:53 Uhr
↓ 7 min
_____ Uhr
↓ 40 min
Ankunft
_____ Uhr
Niki ist beim Sport angekommen.

b) Rückweg nach Hause
Abfahrt
16:33 Uhr
↓ 27 min
_____ Uhr
↓ ___ min
Ankunft
_____ Uhr
Niki ist wieder zu Hause.

Zeitspannen und Zeitpunkte

3 Lukas fährt mit dem Fahrrad 35 Minuten nach Hause. Wann muss er losfahren, um zur angegebenen Zeit zu Hause zu sein?

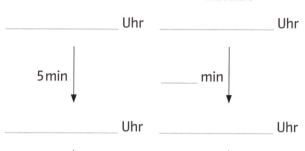

a) Lukas fährt los.
Abfahrt
_____ Uhr
↓ 5 min
_____ Uhr
↓ 30 min
Ankunft
18:30 Uhr
Lukas ist zu Hause.

b) Lukas fährt los.
Abfahrt
_____ Uhr
↓ ____ min
_____ Uhr
↓ 15 min
Ankunft
19:15 Uhr
Lukas ist zu Hause.

4 Ergänze die Uhrzeiten und zeichne die Zeiger der zweiten Uhr ein.

a)  2 h 35 min später

b)  3 h 20 min später

c) ← 1 h 45 min früher

d) ← 2 h 55 min früher

5 Wie lange dauern die Sendungen?

Programmübersicht des Senders „TV aktuell"
6:30	Frühprogramm
8:00	TV Morgenschau
8:12	Unser Lehrer Dr. Fink (Serie)
9:00	Das Reisemagazin
10:10	Comic-Show
11:05	Weiße Weste – Rote Robe (Mode)
12:00	TV Mittagsschau
12:45	Sport vom Tag
13:20	Top Ten (Musiksendung)
14:50	Ringelblume (Wissenschaft)
15:35	Knobli & Co (Kinderprogramm)
17:00	Zick Zack Zuck (Quizshow)
18:15	Sandmännchen
20:00	TV Abendschau
20:15	Agent 008 (Spielfilm)
21:55	Comedy for all (Comedyshow)
22:40	Zwanzig vor Elf (Talkshow)
23:25	Nachtprogramm

Unser Lehrer Dr. Fink _____

Comic Show _____

Sport vom Tag _____

Ringelblume _____

Agent 008 _____

b) Berechne, wie viel Sendezeit die Nachrichten-Sendungen in Anspruch nehmen (TV Morgenschau, TV Mittagsschau und TV Abendschau).

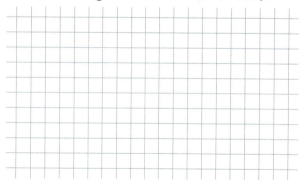

c) Das Nachtprogramm endet um 4:00 Uhr. Bestimme die gesamte Sendezeit ab 6:30 Uhr.

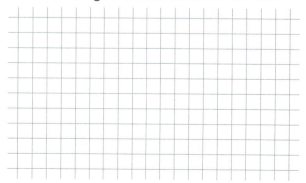

Große Zeiteinheiten

erkenne & bestimme

| der | Tag | die | Woche | der | Monat |
| das | Jahr | das | Schaltjahr | | |

A Ergänze die Zeiteinheiten.

Februar						2024	März						2024
Montag	Dienstag	Mittwoch	Donnerstag	Freitag	Samstag	Sonntag	Montag	Dienstag	Mittwoch	Donnerstag	Freitag	Samstag	Sonntag
29	30	31	1	2	3	4	26	27	28	29	1	2	3
5	6	7	8	9	10	11	4	5	6	7	8	9	10
12	13	14	15	16	17	18	11	12	13	14	15	16	17
19	20	21	22	23	24	25	18	19	20	21	22	23	24
26	27	28	29	1	2	3	25	26	27	28	29	30	31

B Verbinde die passenden Kärtchen miteinander.

Ein Jahr		hat 7 Tage.
Ein Monat		hat 366 Tage.
Der Februar in einem Schaltjahr		hat 29 Tage.
Eine Woche		hat 28 bis 31 Tage.
Ein Schaltjahr		hat 365 Tage.

○ **1** Die Kinder sind im gleichen Jahr geboren.
a) Begründe, warum Jill einen besonderen Geburtstag hat.

Ich habe am 29. Februar Geburtstag.

_____

_____

b) Nina hat am 16. Februar Geburtstag.

Nina ist _____ Tage älter als Jill.

c) Die Osterferien 2024 beginnen am 25.3.

Das sind _____ Tage nach Ninas Geburtstag.

○ **2** Jills Großeltern fahren im Jahr 2024 vom 21. Februar bis zum 10. März in den Urlaub.
a) Welcher Wochentag ist am

21.2.: _____

10.3.: _____

b) Sie sind insgesamt _____ Tage unterwegs.

◐ **3** Berechne die Anzahl der Tage.

Ferien	Datum	Anzahl Tage
Sommer	22.06. – 04.08.	
Herbst	02.10. – 15.10.	
Weihnachten	21.12. – 07.01.	

● **4** Ergänze: Die Sommerferien dauern 45 Tage. Sie beginnen am 07. Juli und dauern bis

zum _____.

Weg-Zeit-Diagramm

erkenne & bestimme

| das Weg-Zeit-Diagramm | die Zeitachse | die Wegachse | der Graph |

A Kreuze alle Weg-Zeit-Diagramme an.

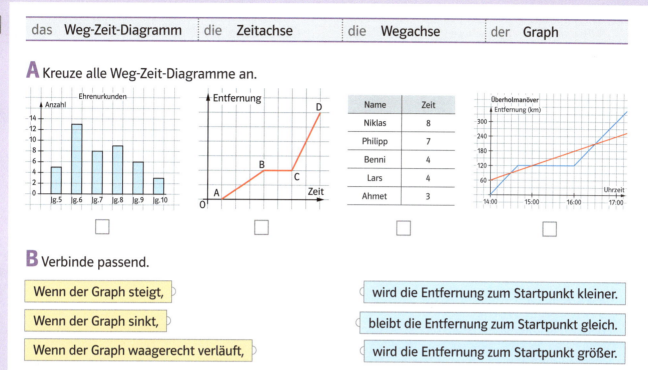

B Verbinde passend.

Wenn der Graph steigt, — wird die Entfernung zum Startpunkt kleiner.

Wenn der Graph sinkt, — bleibt die Entfernung zum Startpunkt gleich.

Wenn der Graph waagerecht verläuft, — wird die Entfernung zum Startpunkt größer.

○1 Ordne jedem Graphen eine Beschreibung zu.
A Miro läuft zu Fuß.
B Miro wartet auf den Bus.
C Miro fährt mit dem Bus.

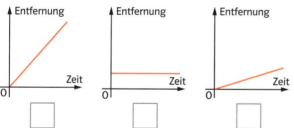

○2 Ordne die Buchstaben den Sätzen zu.

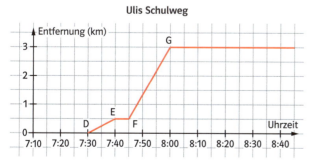

_____ Um 7:45 Uhr fährt Ulis Bus los.

_____ Um 8:00 Uhr erreicht Uli die Schule.

_____ Um 7:40 Uhr erreicht Uli die Haltestelle.

_____ Um 7:30 Uhr geht Uli morgens los.

○3 Ergänze Bilges Schulwegbeschreibung.

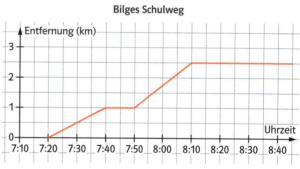

Ich gehe jeden Morgen um _____ Uhr von zu Hause los. Um _____ Uhr erreiche ich die Bäckerei und kaufe mir dort ein Brötchen. Die Bäckerei ist _____ km von unserer Wohnung entfernt. Ich bleibe ungefähr _____ Minuten in der Bäckerei und gehe um _____ Uhr weiter. Die letzten _____ km beeile ich mich. Pünktlich um _____ Uhr komme ich in der Schule an.

5 Weg-Zeit-Diagramm

4 Mika beschreibt den Schulweg. Vergleiche die Beschreibung mit dem Weg-Zeit-Diagramm und fülle die Lücken im Text.

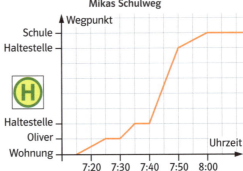

> Jeden Morgen um 7:15 Uhr gehe ich von zu Hause los. Als Erstes hole ich meinen Freund und Klassenkameraden Oliver ab. Zusammen gehen wir dann zur Straßenbahnhaltestelle. Meistens ist die Bahn pünktlich um 7:40 Uhr da. Die Straßenbahn braucht 10 Minuten bis zur Haltestelle am Schulhof. Im Klassenzimmer sind wir ca. 10 Minuten später, rechtzeitig zum Beginn der ersten Stunde um 8:00 Uhr.

Für den Weg bis zu Oliver braucht Mika _____ Minuten.

Mika hält sich bei Oliver noch _____ Minuten auf.

Um 7:35 stehen Mika und Oliver an der _____.

Die Straßenbahn fährt um _____ Uhr los und kommt um _____ Uhr an der Haltestelle der Schule an.

Bis zum Schulbeginn haben die beiden noch _____ Minuten für die letzten Meter bis zum Klassenraum Zeit.

5 Freddy geht am Nachmittag ins Schwimmbad. Ergänze das Weg-Zeit-Diagramm zu Freddys Beschreibung.

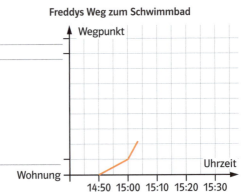

> Um 14:45 Uhr muss ich von zu Hause losgehen, denn um 14:55 Uhr fährt der Bus. Um 15:20 Uhr hält er an der Haltestelle „Schwimmbad". Im Kiosk neben der Haltestelle kaufe ich mir noch eine Zeitschrift, sodass ich etwa 5 Minuten später zum Haupteingang des Schwimmbades losgehen kann. Dort treffe ich um 15:30 Uhr meine Freundin Karla, mit der ich mich zum Schwimmen verabredet habe.

6 Pat hat sich mit Freunden zum Eis essen verabredet. Beschreibe den Weg.
Pat erzählt:

Wortschatz 5

erkläre & bewerte

Kleine Zeiteinheiten und große Zeiteinheiten

die	Zeiteinheit	die	Sekunde	die	Minute
die	Stunde	der	Tag	die	Woche
der	Monat	das	Jahr	das	Schaltjahr

A Erkläre, was ein Schaltjahr ist.

B Welche Kärtchen passen zusammen? Verbinde.

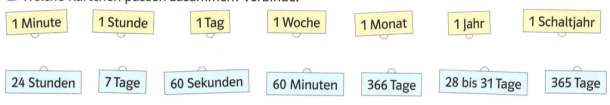

Zeitspannen und Zeitpunkte

die	Zeitspanne	der	Zeitpunkt		

C Erkläre den Unterschied zwischen einer Zeitspanne und einem Zeitpunkt. Du kannst auch eine Zeichnung machen.

D Die Aussagen sind falsch. Korrigiere sie.

Ein Zeitpunkt ist durch zwei Zeitspannen festgelegt.

Nach einer Zeitspanne fragst du mit „wie viel".

Weg-Zeit-Diagramm

das	Weg-Zeit-Diagramm	die	Zeitachse	die	Wegachse	der	Graph

E Erkläre, wofür ein Weg-Zeit-Diagramm verwendet wird.

5 Üben und vernetzen

1
a) Zeichne die Zeiger der angegebenen Zeitpunkte richtig ein.

8:15 Uhr   9:45 Uhr

b) Welche Uhrzeit könnte auch dargestellt sein?

_____ Uhr   _____ Uhr

c) Die Zeitspanne zwischen den beiden Zeiten beträgt _____

2 Wie viele Minuten fehlen bis zur nächsten vollen Stunde?

_____ Minuten   _____ Minuten   _____ Minuten

3 Ergänze die möglichen Uhrzeiten und zeichne die Zeiger der zweiten Uhr ein.

a)

 3 h 45 min später

_____ Uhr   _____ Uhr
_____ Uhr   _____ Uhr

b)

 2 h 30 min früher

_____ Uhr   _____ Uhr
_____ Uhr   _____ Uhr

4 Wandle in die angegebene Einheit um.
a) 5 min = _____ s   b) 48 h = _____ d
c) 4 h = _____ min   d) 360 min = _____ h
e) 3 d = _____ h   f) 420 s = _____ min

5 Wandle in die angegebene Einheit um.
a) 7200 s = _____ h   b) $\frac{3}{4}$ min = _____ s
c) 3 d = _____ min   d) $\frac{1}{4}$ h = _____ s
e) 36 h = _____ d   e) $5\frac{1}{2}$ d = _____ h

6 Ergänze.
a) Zoe fährt vom 5. Juli bis zum 17. Juli in den Urlaub. Wie viele Tage dauert Zoes Urlaub?

_____

b) Florin hat am 30. Juni Geburtstag. Wie viele Tage muss Florin noch bis zum Ferienbeginn am 5. Juli warten?

_____

7 Ergänze. Du darfst für die Lösung auch den Kalender verwenden.
a) Die Sommerferien beginnen am 5. Juli und enden am 17. August.

Sie dauern insgesamt _____ Tage.

b) Tam fährt am 28. Juli in den Urlaub. Der Urlaub dauert zwei Wochen und vier Tage.

Tam kommt am _____ wieder zurück.

Juli						
Montag	Dienstag	Mittwoch	Donnerstag	Freitag	Samstag	Sonntag
29	30	31	1	2	3	4
5	6	7	8	9	10	11
12	13	14	15	16	17	18
19	20	21	22	23	24	25
26	27	28	29	30	31	1

August						
Montag	Dienstag	Mittwoch	Donnerstag	Freitag	Samstag	Sonntag
26	27	28	29	30	31	1
2	3	4	5	6	7	8
9	10	11	12	13	14	15
16	17	18	19	20	21	22
23	24	25	26	27	28	29
30	31	1	2	3	4	5

8 Ergänze.

Abfahrt	Dauer	Ankunft
8:00 Uhr	1h 30min	
6:15 Uhr	2h 30min	
12:30 Uhr	4h 45min	

9 Die Klasse 5a macht einen Ausflug zum Zoo.

Buslinie	Haltestelle	Uhrzeit
105	Schulstraße	ab 8:10 Uhr
	Hauptbahnhof	an 8:54 Uhr
203	Hauptbahnhof	ab 9:05 Uhr
	Zoo	an 9:16 Uhr

a) Lies aus dem Fahrplan ab:

Zeitpunkt der Abfahrt (Schulstraße): _____ Uhr

Zeitpunkt der Ankunft (Zoo): _____ Uhr

b) Wie lange dauert die gesamte Fahrt?

Zeitspanne: _____

c) Die Klasse trifft sich um 7:50 Uhr an der Schule. Wie viel Zeit bleibt bis zur Abfahrt?

_____

d) Wenn sie den Bus am Hauptbahnhof verpassen, fährt der nächste Bus 20 Minuten später ab. Wann kommen sie dann an?

_____

10 Ergänze.

Abfahrt	Dauer	Ankunft
8:45 Uhr	4h 30min	
7:15 Uhr		8:55 Uhr
	3h 30min	12:10 Uhr

11 Niko fährt zum Schwimmbad. Ordne die Buchstaben im Weg-Zeit-Diagramm den Sätzen zu.

☐ Niko und Till steigen in den Bus.
☐ Niko geht von zu Hause los.
☐ Der Bus kommt am Schwimmbad an.
☐ Niko trifft Till vor der Bushaltestelle.

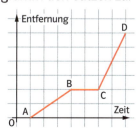

12 Gamal geht täglich zu Fuß zur Schule. Auf dem Weg holt er seinen Freund Max zuhause ab.

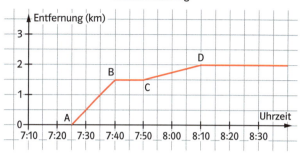

a) Ordne die Buchstaben den Sätzen zu.

☐ Um 7:40 Uhr kommt Gamal bei seinem Freund Max an.
☐ Um 8:10 Uhr erreichen Gamal und Max die Schule.
☐ Um 7:25 Uhr fährt Gamal mit seinem Fahrrad von zuhause los.
☐ Um 7:50 Uhr laufen Gamal und Max zusammen weiter.

b) Ergänze die Sätze.

Gamal wohnt _____ km von Max entfernt.

Max wohnt _____ km von der Schule entfernt.

Gamal und Max laufen _____ km gemeinsam.

Gamal wohnt _____ km von der Schule entfernt.

Gamal und Max trödeln _____ Minuten, bis sie gemeinsam weitergehen.

13 Terry beschreibt den täglichen Schulweg:

> Jeden Morgen gehe ich um 7:35 Uhr los. Um 7:45 Uhr hole ich Deniz ab. Deniz wohnt einen halben Kilometer von mir entfernt. Zusammen laufen wir ca. 2 km, bis wir um 8:10 Uhr die Schule erreichen.

Ergänze das Weg-Zeit-Diagramm passend zu Terrys Beschreibung.

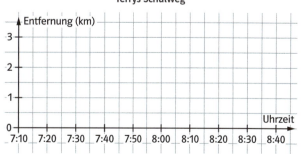

6 Geometrische Körper

Körper und ihre Eigenschaften

erkenne & bestimme

der	Körper	der	Würfel	der	Quader	das	Dreieckprisma
das	Sechseckprisma	die	Pyramide	der	Zylinder	der	Kegel
die	Kugel	die	Fläche	die	Ecke	die	Kante

A Markiere **Würfel** und **Quader** rot, **Dreieckprismen** und **Sechseckprismen** blau, **Zylinder**, **Kegel** und **Kugeln** grün und **Pyramiden** orange.

B Setze die Wörter richtig in den Text ein.

Geometrische _____ werden durch _____ begrenzt.

Wenn zwei Flächen zusammenstoßen, entsteht eine _____. Wenn mindestens drei Kanten aneinanderstoßen, entsteht eine _____.

Flächen   Ecke   Kante   Körper

C Verbinde passend.

- Ein Würfel hat — dreieckige Seitenflächen.
- Ein Prisma hat — eine gekrümmte Fläche.
- Eine Kugel hat — sechs quadratische Flächen.
- Eine Pyramide hat — rechteckige Seitenflächen.

1 Ergänze den Steckbrief.

a)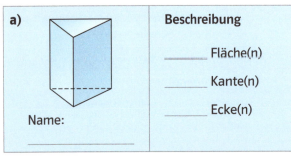

Beschreibung
____ Fläche(n)
____ Kante(n)
____ Ecke(n)
Name: _____

b)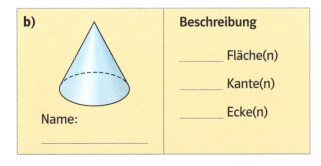

Beschreibung
____ Fläche(n)
____ Kante(n)
____ Ecke(n)
Name: _____

c)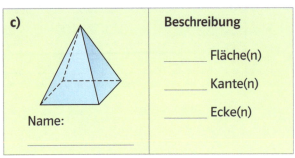

Beschreibung
____ Fläche(n)
____ Kante(n)
____ Ecke(n)
Name: _____

d)

Beschreibung
____ Fläche(n)
____ Kante(n)
____ Ecke(n)
Name: _____

Körper und ihre Eigenschaften   6

○ **2** Wie viele Flächen, Kanten und Ecken hat der Körper?

a) Flächen: ___ Kanten: ___ Ecken: ___

b) Flächen: ___ Kanten: ___ Ecken: ___

c) Flächen: ___ Kanten: ___ Ecken: ___

◐ **3** Ergänze die fehlenden Angaben.

	Quader	Fünfeckprisma		
Flächen			1	
Kanten				2
Ecken				

○ **4** Bestimme, aus welchen geometrischen Körpern die Figur zusammengesetzt wurde.

a)

b)

c)

_____   _____   _____
_____   _____   _____
_____   _____   _____

○ **5** Welcher geometrische Körper wird hier beschrieben?

a) Dieser Körper hat 2 sechseckige und 6 rechteckige Flächen.
Name des Körpers:

b) Die Flächen dieses Körpers sind 4 Dreiecke und ein Quadrat.
Name des Körpers:

c) Dieser Körper hat zwei runde und eine rechteckige Fläche.
Name des Körpers:

◐ **6** Wie viele Flächen, Kanten und Ecken hat der Körper?

a) Flächen: ___ Kanten: ___ Ecken: ___

b) Flächen: ___ Kanten: ___ Ecken: ___

c) Flächen: ___ Kanten: ___ Ecken: ___

Körpernetze

erkenne & bestimme

das Körpernetz die Oberfläche

A Kreuze alle Bilder an, die Körpernetze darstellen.

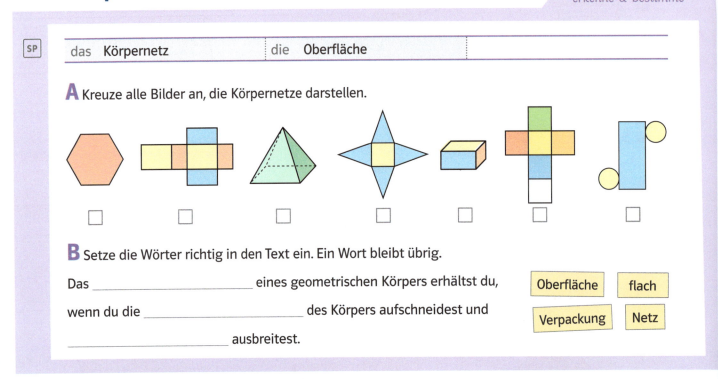

B Setze die Wörter richtig in den Text ein. Ein Wort bleibt übrig.

Das _____ eines geometrischen Körpers erhältst du, wenn du die _____ des Körpers aufschneidest und _____ ausbreitest.

Oberfläche   flach   Verpackung   Netz

1 Ordne jedem Körper das richtige Netz zu. Trage dazu die Buchstaben des Netzes unter dem Körper ein. Die Buchstaben ergeben den Namen des rechts abgebildeten Körpers.

① ② ③ ④ ⑤

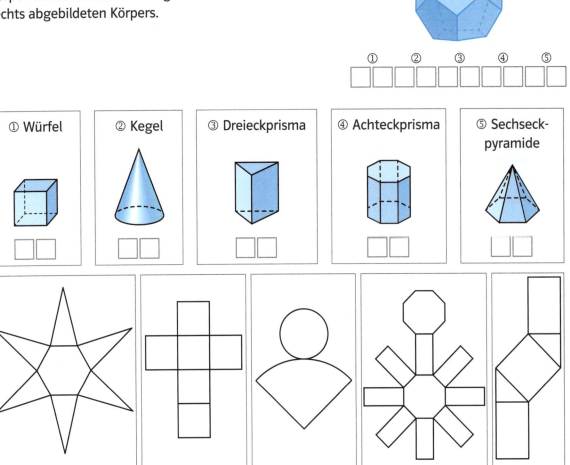

① Würfel   ② Kegel   ③ Dreieckprisma   ④ Achteckprisma   ⑤ Sechseckpyramide

ER   DO   DE   ED   KA

Körpernetze 6

○ **2** Ergänze den Namen des Körpers und zeichne das Netz fertig.

a) Name: _____

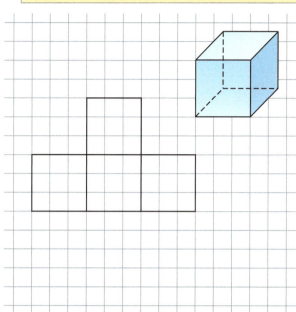

b) Name: _____

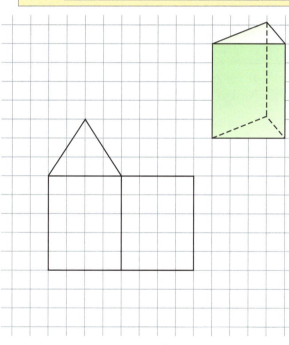

c) Name: _____

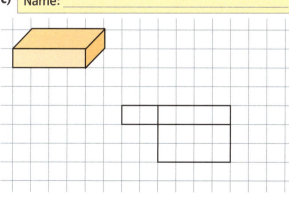

◐ **3** Ergänze zu einem Würfelnetz. Färbe gegenüberliegende Flächen in gleicher Farbe.

a)

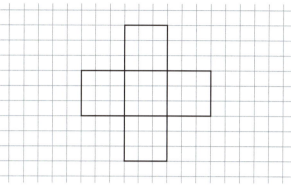

b)

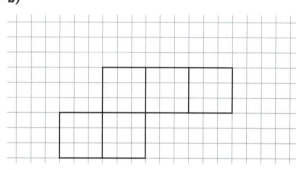

c)

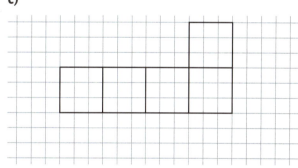

● **4** Ergänze die Farben im unteren Netz. Aus dem unteren und oberen Netz soll der gleiche Würfel entstehen.

a) 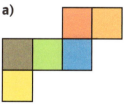 b)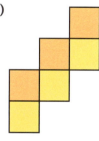

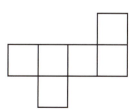   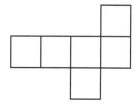

Parallel und senkrecht

erkenne & bestimme

| parallel | senkrecht (orthogonal) | der Abstand |

A Wie stehen die Geraden zueinander? Kreuze an.

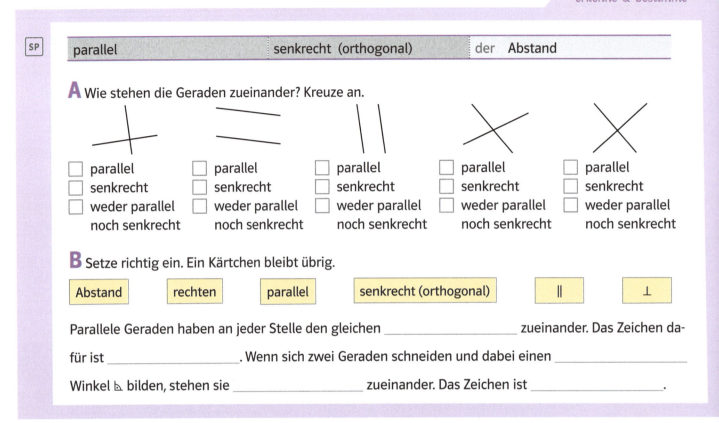

☐ parallel ☐ senkrecht ☐ weder parallel noch senkrecht

☐ parallel ☐ senkrecht ☐ weder parallel noch senkrecht

☐ parallel ☐ senkrecht ☐ weder parallel noch senkrecht

☐ parallel ☐ senkrecht ☐ weder parallel noch senkrecht

☐ parallel ☐ senkrecht ☐ weder parallel noch senkrecht

B Setze richtig ein. Ein Kärtchen bleibt übrig.

| Abstand | rechten | parallel | senkrecht (orthogonal) | ∥ | ⊥ |

Parallele Geraden haben an jeder Stelle den gleichen _____ zueinander. Das Zeichen dafür ist _____. Wenn sich zwei Geraden schneiden und dabei einen _____ Winkel ⊾ bilden, stehen sie _____ zueinander. Das Zeichen ist _____.

○ **1** ⊞ Welche Geraden sind parallel (∥), welche sind senkrecht (⊥) zueinander? Überprüfe mit dem Geodreieck und trage in die Tabelle ein.

	a	b	c	d	e	f
a						
b	∥					
c	⊥					
d						
e						
f						

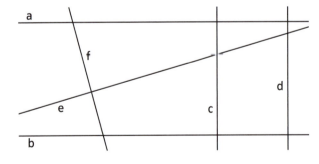

○ **2**
a) Zeichne senkrechte Geraden, die durch die Punkte A, B und C gehen.

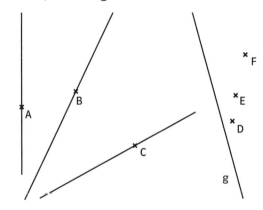

b) Zeichne parallele Geraden zur Geraden g, die durch die Punkte D, E und F gehen.

➕ 💡 **1 Tipp**

zueinander **senkrechte** (orthogonale) Geraden

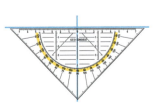

zueinander **parallele** Geraden

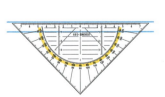

Besondere Vierecke

erkenne & bestimme

das	Rechteck	das	Quadrat		
die	Raute	das	Parallelogramm	das	Trapez

A Färbe Rechtecke rot, Rauten blau und Trapeze grün.

B Gib an, welche Aussagen zu den Vierecken passen.

Quadrat: _____   Rechteck: _____

Raute: _____   Parallelogramm: _____

① Gegenüberliegende Seiten sind parallel zueinander.

② Alle Seiten sind gleich lang.

③ Das Viereck hat vier gleich große Winkel.

④ Gegenüberliegende Seiten sind gleich lang.

⑤ Gegenüberliegende Winkel sind gleich groß.

1 Ergänze die Figur mit dem Geodreieck

a) zu einem Quadrat.   b) zu einer Raute.   c) zu einem Parallelogramm.

2 Zeichne die Eckpunkte des Vierecks ein und verbinde sie.

a) A(2|4), B(9|5), C(10|10), D(3|9). Das Viereck heißt

_____ .

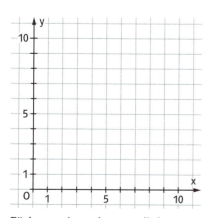

Färbe zueinander parallele Seiten in der gleichen Farbe.

b) A(1|1), B(8|2), C(9|9), D(2|8). Das Viereck heißt

_____ .

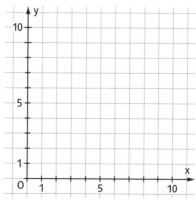

Färbe gleich lange Seiten in der gleichen Farbe.

c) A(3|1), B(10|1), D(3|10) Ein Rechteck soll entstehen. Der vierte Eckpunkt ist der

Punkt C(____|____).

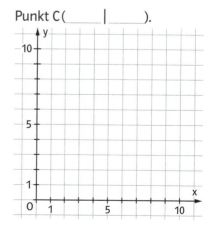

Zeichne die rechten Winkel farbig ein.

6 Schrägbilder

erkenne & bestimme

das Schrägbild

A Markiere alle Schrägbilder, die zu den Holzkörpern gehören könnten.

B Setze die Wörter richtig in den Text ein. Ein Wort bleibt übrig.

| Fläche | vorderen | Schrägbild | vorne | gestrichelt | hinten |

Mit einem _____ kannst du einen Körper räumlich darstellen.

Zeichne zuerst die Kanten der _____ Fläche. Zeichne die nach

_____ verlaufenden Kanten schräg und verkürzt. Zum Schluss ergänze

die Kanten der hinteren _____. Wenn du die verdeckten Kanten

zeichnen möchtest, dann zeichne sie _____.

1 Ergänze zum Schrägbild.

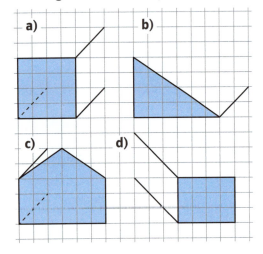

2 Finde den Fehler im Schrägbild des Quaders. Markiere ihn. Zeichne dann richtig.

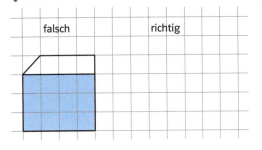

3 Ergänze zum Schrägbild eines Quaders.

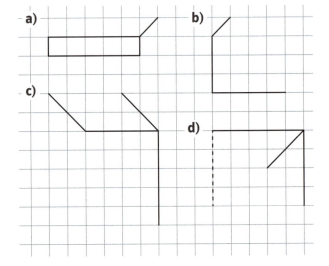

4 Ergänze das Schrägbild des Buchstabens.

a) 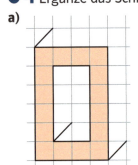 b)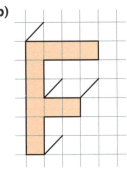

Wortschatz 6

erkläre & bewerte

Körper und ihre Eigenschaften

der	Körper	der	Würfel	der	Quader	das	Dreieckprisma
das	Sechseckprisma	die	Pyramide	der	Zylinder	der	Kegel
die	Kugel	die	Fläche	die	Ecke	die	Kante

A Erkläre, anhand welcher Eigenschaften du geometrische Körper unterscheiden kannst.

_____

_____

B Die Aussagen sind falsch. Markiere die Fehler rot und korrigiere sie.

- Ein Prisma hat dreieckige Seitenflächen. _____
- Ein Kegel hat nur gekrümmte Ecken. _____
- Eine Pyramide hat viereckige Seitenflächen. _____

Körpernetze

| das | Körpernetz | die | Oberfläche | | |

C Erkläre den Zusammenhang zwischen der Oberfläche und dem Netz eines geometrischen Körpers.

_____

_____

D Richtig oder falsch? Kreuze an.
- Ein Quadernetz besteht aus 6 Quadraten. ☐ richtig ☐ falsch
- Das Kegelnetz besteht aus zwei Kreisen und einem Rechteck. ☐ richtig ☐ falsch
- Das Netz eines Prismas hat mindestens drei gleich große Flächen. ☐ richtig ☐ falsch

parallel und senkrecht

| parallel | senkrecht (orthogonal) | der | Abstand |

E Noah behauptet: „Jede Gerade ist parallel zu sich selbst." Hat Noah recht? Begründe.

_____

_____

F Kreuze die richtigen Aussagen an.
- ☐ Zwei Geraden, die senkrecht (orthogonal) zueinander stehen, schneiden sich.
- ☐ Wenn zwei Geraden parallel zueinander sind, bilden sie einen rechten Winkel.
- ☐ Zwei Geraden, die parallel zueinander sind, haben überall denselben Abstand.
- ☐ Wenn zwei Geraden einen rechten Winkel bilden, stehen sie senkrecht (orthogonal) zueinander.

6 Wortschatz

Besondere Vierecke

das	Rechteck	das	Quadrat		
die	Raute	das	Parallelogramm	das	Trapez

G Erkläre, wer recht hat.

> Raute und Parallelogramm haben die gleichen Eigenschaften.
> — Ari

> Die Raute ist ein spezielles Parallelogramm.
> — Safiye

_____
_____
_____

H Finde die falschen Aussagen und korrigiere sie.
- Gegenüberliegende Winkel im Quadrat sind gleich groß.
- Gegenüberliegende Seiten im Trapez sind parallel zueinander.
- Gegenüberliegende Seiten im Parallelogramm sind gleich lang.
- Eine Raute hat vier gleich große Winkel.

Schrägbilder

das	Schrägbild		

I Erkläre, was du beim Zeichnen eines Schrägbildes beachten musst.

_____
_____
_____

J Kreuze die richtigen Aussagen an.
- ☐ Parallele Kanten eines Körpers stehen im Schrägbild senkrecht aufeinander.
- ☐ Verdeckte Kanten eines Körpers kannst du im Schrägbild gestrichelt zeichnen.
- ☐ Gleich lange Kanten eines Körpers sind im Schrägbild nicht immer gleich lang.

Üben und vernetzen 6

○ **1**
a) Ergänze den Steckbrief.

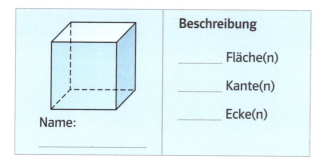

Beschreibung
_____ Fläche(n)
_____ Kante(n)
_____ Ecke(n)
Name: _____

b) Die Kantenlänge beträgt 2 cm. Zeichne ein Netz des Körpers.

c) Welche Kanten in deinem Netz sind senkrecht zueinander? Zeichne die rechten Winkel ein.
d) Welche Kanten in deinem Netz sind parallel zueinander? Färbe sie in der gleichen Farbe.

● **2** Vervollständige die Quadernetze, indem du parallele und senkrechte Linien sinnvoll ergänzt.
a) b)

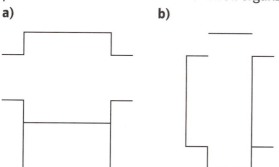

◐ **3**
a) Ergänze zu einem vollständigen Quadernetz.

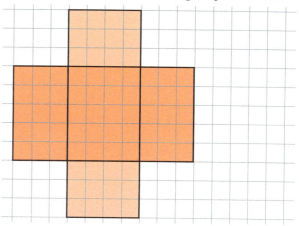

b) Zeichne ein Schrägbild des Quaders.

○ **4** Kreuze an.
a) Welches Viereck ist keine Raute?

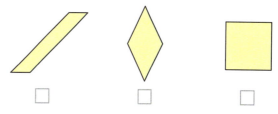

☐ ☐ ☐

b) Welches Viereck ist kein Parallelogramm?

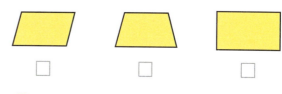

☐ ☐ ☐

◐ **5** Ergänze das Schrägbild.
a) b)

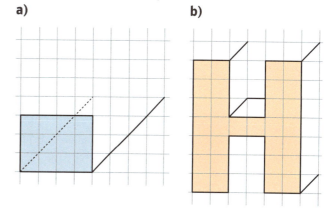

65

7 Geld, Gewichte

Kosten überschlagen

| überschlagen | ungefähr | der Geldbetrag |

A Kreuze an, mit welcher Rechnung überschlagen wird.

```
   3,35 €         3,35 € ≈ 3 €      17,26 €      2,89 € ≈ 3,00 €
 + 8,79 €       + 4,79 € ≈ 5 €    -  8,79 €      1,49 € ≈ 1,50 €
 + 5,12 €       + 1,12 € ≈ 1 €    -  5,12 €      1,95 € ≈ 2,00 €
     1 1       3 € + 5 € + 1 € = 9 €   1 1       3 € + 1,50 € + 2 € = 6,50 €
  17,26 €                            3,35 €
```
☐ ☐ ☐ ☐

B Setze die Wörter richtig in den Text ein. Ein Wort bleibt übrig.

| überschlagen | Geldbeträgen | ungefähr | runde |

Beim Einkaufen muss man oft schnell die Summe _____ können. Das macht man mit

vereinfachten _____. Das Zeichen ≈ bedeutet _____.

---

1 Überschlage im Kopf.

a) 3,88 € + 4,10 € ≈ _____ €

b) 11,99 € − 2,55 € ≈ _____ €

c) 0,48 € + 6,93 € ≈ _____ €

2 Überschlage.
a) 2,99 € + 0,33 € + 1,25 €

≈ _____ € + _____ € + _____ € = _____ €

b) 13,47 € − 4,93 € + 6,07 €

≈ _____

3 Joela kauft von jeder Süßigkeit zwei Packungen. Wie viel muss sie bezahlen? Überschlage.

Schokoküsse 2,34 €

Gummibärchen 1,89 €

Nusswaffeln 2,59 €

4 Greta ist Fußballfan. Sie hat 15 €.

Regencape 5,55 € · Hut 2,85 € · Schweißband 2,35 € · Ratsche 3,65 € · Trinkflasche 6,98 € · Hupe 4,37 €

Überschlage die Preise und mache Vorschläge, welche Fanartikel sie sich kaufen kann.

① Hut + Trinkflasche + Hupe

Überschlag: 3 € + 7 € + 4,50 € = _____

② _____

Überschlag: _____

③ _____

Überschlag: _____

④ _____

Überschlag: _____

Mit Geld rechnen

erkenne & bestimme

der Eurobetrag	der Centbetrag
Geldbeträge schriftlich teilen	Geldbeträge schriftlich vervielfachen

A Markiere **Eurobeträge** rot und **Centbeträge** blau.

1,97 €   3 € 14 ct   238 ct   17 ct   3118 ct

31,18 €   28 € 75 ct   132 ct   567,44 €

B Setze die Wörter richtig in den Text ein. Ein Wort bleibt übrig.

Komma   Centbeträge   Eurobetrag   stellengerecht   Rechnung

Wenn du Geldbeträge schriftlich vervielfachen oder teilen möchtest, wandle sie um in

_____ ohne _____. Nach der _____

wandle das Ergebnis wieder in einen _____ um.

○ 1 Berechne im Kopf.

a) 4,50 € · 2 = _____   b) 3,20 € · 3 = _____

c) 4 · 1,10 € = _____   d) 5 · 0,25 € = _____

e) 8,80 € : 2 = _____   f) 6,30 € : 3 = _____

g) 4 € : 2 € = _____   h) 350 ct : 50 ct = _____

○ 2 Berechne schriftlich. Wandle erst in den Centbetrag um.

a) 3,20 € · 4 = _____ €   b) 2,77 € · 3 = _____ €

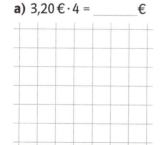

c) 1,85 € · 5 = _____ €   d) 6,72 € · 6 = _____ €

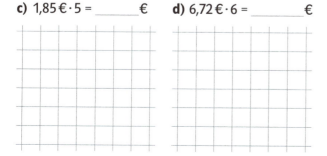

○ 3 Leon ist Fußballfan. Jeden Monat kauft er für 1,90 € seine Fußballzeitschrift. Wie viel Euro muss er in 6 Monaten bezahlen?

Leon muss in 6 Monaten _____ € bezahlen.

● 4 Berechne im Kopf.

Textmarker 0,89 €
Schere 1,79 €
Heft 0,30 €
6 Sticker 1,11 €

Reichen 3 € zum Bezahlen? Kreuze an.
a) für 10 Hefte   ☐ ja ☐ nein
b) für 18 Sticker   ☐ ja ☐ nein
c) für 3 Textmarker und 2 Hefte ☐ ja ☐ nein
d) für 1 Schere und 6 Sticker   ☐ ja ☐ nein

7 Mit Geld rechnen

5 Markiere den Fehler und korrigiere ihn.

a)
0,	4	5	€	·	7	=	4	5	ct	·	7
						=	3	1	5	€	
4	5	·	7								
	3	1	5								

Fehler: _____

b)
5,	6	6	€	·	9	=	5	6	6	ct	·	9
						=	5	0	9	4	ct	
						=	5	0	9,	4	0	€
5	6	6	·	9								
5	0	9	4									

Fehler: _____

6

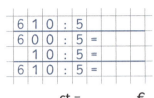

Eine Flasche Limonade
72 ct
Sonderangebot:
Nimm 3 – zahl 2!

Wie viel kostet eine Flasche im Angebot?

Eine Flasche kostet im Angebot _____ ct.

7 Berechne im Kopf, wie teuer der Unterhalt für das Haustier im Laufe eines Jahres ist.

a)  monatliche Kosten: 75 €
jährliche Kosten:

~~75 €~~ · 12 =

b) monatliche Kosten: 9 €
jährliche Kosten:

c) monatliche Kosten: 45 €
jährliche Kosten:

8 Teile die Geldbeträge schrittweise. Wandle erst in den Centbetrag um.

a) 6,10 € : 5   b) 1,44 € : 6

6,10 € = _610_ ct   1,44 € = _____ ct

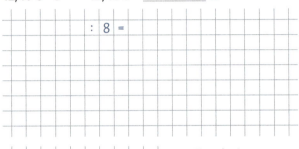

_____ ct = _____ €   _____ ct = _____ €

9 Teile die Geldbeträge schriftlich. Wandle erst in den Centbetrag um. Führe zum Schluss eine Probe durch.

12,40 € : 8   12,40 € = _____ ct

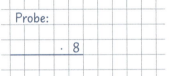

Probe:
· 8

Ergebnis:
_____ €

10 In drei Geschäften wird das gleiche Getränk angeboten. Bei welchem Angebot ist eine Flasche am günstigsten?
① 4 Flaschen kosten 2,36 €.
② 6 Flaschen kosten 3,78 €.
③ 3 Flaschen kosten 1,83 €.

Bei Angebot ☐ ist eine Flasche am günstigsten.

7 Mit Geld rechnen

○ 11 Wie viel Euro kostet ein Stück bzw. Paket? Berechne im Kopf.

a)
5 Hundezigarren nur 3,- €

b)
3 Hundewürste nur 6,30 €

c)
2 x 15 kg Futter nur 51,80 €

Eine Hundezigarre kostet _____ €.

Eine Hundewurst kostet _____ €.

Ein Paket Futter kostet _____ €.

◐ 12 Ingo hat zwei Hunde mit großem Hunger. Das kostet viel Geld.

a)
12 kg Hundefutter für 20,40 €

Ingos Hunde fressen täglich so viel von dem Hundefutter, dass ein Beutel für 8 Tage reicht. Wie viel kostet das tägliche Hundefutter?

b)
100 Kaurollen nur 7,50 €
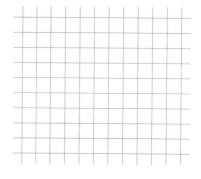

Als Leckerchen gibt es jeden Tag zwei Kaurollen. Wie viel kostet der tägliche „Nachtisch"?

◐ 13 Welche Ergebnisse sind falsch? Überprüfe die Rechnungen durch eine Probe und verbessere, wenn nötig.

a)
7,20 € : 4 = 1,80 €
Probe:
1 8 0 · 4

b)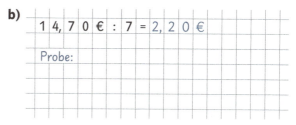
14,70 € : 7 = 2,20 €
Probe:

● 14 Welcher Geldbetrag wurde multipliziert?

a) _____ · 6 = 7,80 €

b) 7 · _____ = 3,85 €

c) _____ · 9 = 13,05 €

Gewichte vergleichen

erkenne & bestimme

| ein Milligramm | ein Gramm | ein Kilogramm | eine Tonne | umwandeln |

A Markiere alle Gewichtsangaben in Milligramm rot, in Gramm blau, in Kilogramm grün und in Tonnen orange.

3,5 t | 35 g | ½ t | 74,3 kg | 0,8 t
0,7 kg | 1200 g | 1,8 g | 310 g | 730 mg

B Setze die Wörter richtig in den Text ein. Ein Wort bleibt übrig.

1000 | vervielfache | nächstgrößere | teile | nächstkleinere

Wenn ich eine Gewichtsangabe in die nächstgrößere Einheit umwandle (z. B. von mg in g),

_____ ich die Zahl durch 1000.

Wenn ich eine Gewichtsangabe in die _____ Einheit umwandle (z. B. von kg in g),

_____ ich die Zahl mit _____ .

○ **1** Was wiegt wie viel? Verbinde.

 100 g   250 g   3 g   1 t   1 kg   100 kg

○ **2** Trage die Gewichte in die Stellenwerttafel ein. Gib sie in der angegebenen Einheit an.

a) 1,5 t = _____ kg   b) 1400 kg = _____ t
c) 0,09 t = _____ g   d) 13,5 kg = _____ g

t		kg			g	
E	H	Z	E	H	Z	E
1	5	0	0			

○ **3** Wandle in die angegebene Einheit um.

a) 9,8 kg = _____ g   b) 21 g = _____ mg
c) 0,34 t = _____ kg   d) 7530 g = _____ kg
e) 455 kg = _____ t   f) 3750 mg = _____ g

○ **4** Wie oft passen

a) 10 mg in 1 g?   b) 500 g in 1 kg?

_____   _____

c) 250 kg in 1 t?   d) 50 mg in 3 g?

_____   _____

◐ **5** Wie viel fehlt bis zu einer Tonne?

a) 850 kg + _____ = 1 t
b) 70 kg + _____ = 1 t
c) 8,5 kg + _____ = 1 t

◐ **6** Notiere das größte Gewicht.

a) 40 kg; 0,4 t; 40 000 g   _____
b) 14,6 kg; 0,014 t; 14 400 g   _____
c) 3500 g; 3 kg 650 g; 0,350 t   _____

Mit Gewichten rechnen

erkenne & bestimme

Gewichtsangaben schriftlich teilen	Gewichtsangaben schriftlich vervielfachen

A Vor dem schriftlichen Teilen oder Vervielfachen, musst du die Gewichtsangabe in eine Einheit ohne Komma umwandeln. Kreuze an, wo das richtig gemacht wurde.

- ☐ 7,2 kg : 5 = 7200 g : 5
- ☐ 810 g · 9 = 0,81 kg · 9
- ☐ 9,2 t : 8 = 9200 kg : 8
- ☐ 25,8 g · 7 = 25 800 mg · 7
- ☐ 0,0138 g : 3 = 13,8 kg : 3
- ☐ 1800 mg : 16 = 1,8 g : 16

B Vervollständige die beiden Sätze.

Teile ich eine Gewichtsangabe

- durch eine Anzahl, so erhalte ich _____ .
- durch eine andere Gewichtsangabe, so erhalte ich _____ .

○ **1** Berechne im Kopf.

a) 95 kg · 3 = _____ b) 2,1 g · 8 = _____

c) 4 · 0,750 t = _____ d) 5 · 25 g = _____

e) 87 mg : 3 = _____ f) 7,5 t : 5 = _____

g) 84 kg : 21 kg = _____ h) 105 g : 7 g = _____

○ **2** Berechne schriftlich.

a) 1400 kg : 4 kg = _____

b) 3225 g : 15 = _____

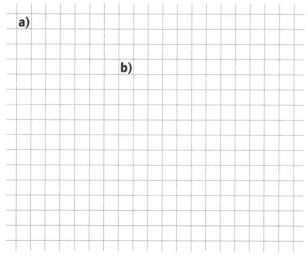

Erkläre, warum in einem der beiden Ergebnisse eine Gewichtsangabe stehen muss.

_____

_____

_____

○ **3** Geld wird sortiert und gezählt. Gleiche Münzen werden in Rollen verpackt. Wie viel wiegt eine Rolle mit 50 Münzen?

	Gewicht		
4,10 g	5,74 g	7,50 g	8,50 g

a) Eine 10-Cent-Rolle wiegt _____ g.

b) Eine 20-Cent-Rolle wiegt _____ g.

4100 · 50

c) Eine 1-Euro-Rolle wiegt _____ g.

d) Eine 2-Euro-Rolle wiegt _____ g.

◉ **4** Bilde eine Multiplikationsaufgabe.

a) _____ · _____ = 2,4 kg

b) _____ · _____ = 880 g

c) _____ · _____ = 7,5 t

7 Mit Gewichten rechnen

5 Bilde jeweils eine Rechenaufgabe zu den Sätzen und berechne.
a) Iris kauft 5 Dosen Katzenfutter zu je 80 g.

b) Im Zoo werden 30 kg Trockenfutter in Portionen zu 400 g aufgeteilt.

6 ➕ Katzenfutter wird in verschiedenen Mengen angeboten. Berechne für jede Beutelgröße den Preis pro Kilogramm.

7 Das neugeborene Nashorn wiegt ca. 40 kg. Das Mutternashorn wiegt ca. 1,4 t.
Wie viel mal ist die Mutter schwerer als das Neugeborene?

Die Mutter ist _____ -mal schwerer.

8 Noras Hund frisst täglich 200 g Trockenfutter, 0,4 kg Dosenfutter und trinkt dazu ca. 0,5 l Wasser (1 l Wasser wiegt ca. 1 kg). Berechne das Futtergewicht für eine Woche.

Futtergewicht für eine Woche: _____

9 Eine Impfdosis enthält 20 mg eines Wirkstoffs. Berechne, wie viele Impfdosen man aus 10 g des Wirkstoffs herstellen kann.

Man kann aus 10 g des Wirkstoffs _____ Impfdosen herstellen.

---

6 Tipp
So kommst du auf den Preis pro Kilogramm.

   500 g · 2 = 1 kg
         1,80 € · 2 = **3,60 €**

   5 kg : 5 = 1 kg
          11,00 € : 5 = **2,20 €**

Situationen verstehen

erkenne & bestimme

| Überblick verschaffen | Aufgabe klären | Lösungen finden |

A Kreuze an, welche Aufgabe zum Text passt.
- ☐ Wie viel Gramm Futter frisst Felix täglich?
- ☐ Für wie viel Euro frisst Felix täglich Futter?
- ☐ Wie schwer ist Felix nach einer Woche?

Hund Felix frisst jeden Tag zwei Kaustangen, eine Dose Hundefutter und 200 g Trockenfutter.

1 Dose 1,95 € | 1 kg 5,85 € | 10 Stangen 2,90 €

B Ordne die Aussagen oder Fragen den drei Verfahrensschritten beim Lösen von Sachsituationen richtig zu. Verbinde die Kärtchen.

1. Überblick verschaffen
2. Aufgabe klären
3. Lösungen finden

- Lies den Aufgabentext zweimal durch.
- Löse die Aufgabe.
- Was musst du herausfinden?
- Überprüfe deine Lösung.
- Gibt es Bilder oder Tabellen zur Aufgabe?
- Was weißt du schon?
- Schreibe die wichtigsten Informationen auf.

○ 1 Karim möchte Tennisbälle kaufen. Einzelne Bälle kosten 2,50 €/Stück. Ein Fünferpack kostet 12,00 €. Im Angebot muss man für einen Fünferpack 11,25 € bezahlen.

a) Wo findest du Informationen? (Überblick verschaffen)

b) Was kannst du herausfinden? (Aufgabe klären)

c) Löse deine Aufgabe. (Lösung finden)

○ 2 Passt die Lösung? Beurteile die Ergebnisse und kreuze an: r (richtig) oder f (falsch)
a) Gewicht einer Schultasche: 30 kg ☐ r ☐ f
b) Länge einer Schere: 17 cm ☐ r ☐ f
c) Preis für eine Banane: 4,55 € ☐ r ☐ f
d) Dauer eines Songs: 3,5 min ☐ r ☐ f

◐ 3 So viel Futter braucht ein Hund täglich.

Körpergewicht	nur Dosenfutter (je Dose 400 g)	nur Trockenfutter
bis 10 kg	1 Dose	200 g
11 kg bis 25 kg	2 Dosen	400 g
ab 26 kg	3 Dosen	600 g

Finde Fragen zur Tabelle und beantworte sie.

Größen schätzen

erkenne & bestimme

| schätzen | die Vergleichsgröße | das Raster |

A Kreuze an, wie bei den Abbildungen geschätzt werden kann.

Wie lang ist der Schweif des Pferdes?

Wie viele Äpfel sind zu sehen?

☐ Schätzen mit einer Vergleichsgröße
☐ Schätzen mit einem Raster

☐ Schätzen mit einer Vergleichsgröße
☐ Schätzen mit einem Raster

B Setze die Worte richtig in den Text ein. Ein Kärtchen bleibt übrig.

| Teile | Raster | Anzahl | gleich | gesamte Anzahl |

Beim Schätzen mit einem Raster zerlege ich eine Menge in _____ große

_____. Dann bestimme ich die _____ in einem Teil. Zum Schluss berechne ich die _____.

○ 1 Schätze zuerst die Maße der Gegenstände. Miss dann nach. Markiere in der Tabelle, welches Maß du am besten geschätzt hast.

		geschätzt	gemessen	Unterschied
Stuhl	Höhe			
	Breite			
Schrank	Höhe			
	Breite			
Tür	Höhe			
	Breite			
Fenster	Höhe			
	Breite			

○ 2 Was wiegt ungefähr wie viel?

a) ein voller Eimer Wasser: _____

b) ein Bleistift: _____

c) 1 kg: _____

d) 1 t: _____

○ 3 Schätze mit einem Raster.

a) Wie viele Äpfel sind in Aufgabe A zu sehen?

Es sind insgesamt _____ Äpfel zu sehen.

b) Wie viele Kinder sind hier abgebildet?

Es sind insgesamt _____ Kinder abgebildet.

Wortschatz 7

erkläre & bewerte

Kosten überschlagen und mit Geld rechnen

überschlagen	ungefähr	der Geldbetrag
der Eurobetrag		der Centbetrag
Geldbeträge schriftlich teilen		Geldbeträge schriftlich vervielfachen

A Erkläre, worauf du beim Überschlagen von Geldsummen achten musst.

_____

B Kreuze die richtigen Aussagen an.
- ☐ Ich darf Geldbeträge durch Geldbeträge teilen und erhalte dann eine Anzahl.
- ☐ Ich kann beim schriftlichen Rechnen mit Eurobeträgen das Komma weglassen.
- ☐ Wenn ich Eurobeträge in Cent umwandle, muss ich den Betrag mal 100 nehmen.

Gewichte vergleichen und mit Gewichten rechnen

ein Milligramm	ein Gramm	ein Kilogramm	eine Tonne	umwandeln
Gewichtsangaben schriftlich teilen		Gewichtsangaben schriftlich vervielfachen		

C Erkläre, wie du eine Gewichtsangabe in die nächstkleinere Gewichtseinheit umwandelst.

_____

D Vervollständige den Satz.

Gewichtsangaben kann ich am besten vergleichen, wenn _____.

Situationen verstehen

Überblick verschaffen	Aufgabe klären	Lösungen finden

E Erkläre kurz, was du in den drei Schritten zum Verständnis von Sachsituationen tun musst.

1. Überblick verschaffen: _____

2. Aufgabe klären: _____

3. Lösungen finden: _____

Größen schätzen

schätzen	die Vergleichsgröße	das Raster

F Bringe die Schritte beim Schätzen mit einer Vergleichsgröße in die richtige Reihenfolge.

- ☐ gesuchte Größe mit Vergleichsgröße ausmessen
- ☐ gesuchte Größe berechnen
- ☐ Ergebnis als Schätzwert aufschreiben
- ☐ bekannte Vergleichsgröße finden

7 Üben und vernetzen

1 Jan und Ayla kaufen einen Futtervorrat für ihre beiden Wellensittiche ein.

5 × Kolbenhirse zu je 89 ct; 2 × Mineralstein zu je 2,49 €; 3 × Vitalfutter zu je 1,99 €

a) Überschlage, ob die beiden mit 15 € auskommen.

b) Berechne die genaue Einkaufssumme. Vergleiche mit deinem Überschlag.

2
a) Berechne die täglichen Gesamtkosten des Tierparks:

Gesamtkosten: _____

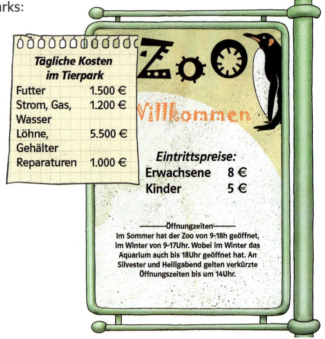

b) An einem normalen Wochentag besuchen etwa 350 Erwachsene und 750 Kinder den Tierpark. Berechne die Einnahmen.

Eintritt Erwachsene 8 € · _____ = _____ €

Eintritt Kinder 5 € · _____ = _____ €

Summe: _____ €

c) Vergleiche die Einnahmen mit den Kosten.

3 Wandle um.

a) 7 kg = _____ g **b)** 85 kg = _____ g **c)** 25 g = _____ mg **d)** 2 t = _____ kg

e) 4600 g = _____ kg **f)** 250 g = _____ kg **g)** 6897 mg = _____ g **h)** 70 mg = _____ g

4 Anna möchte mit 11 Freunden an ihrem Geburtstag kochen. Schätze, wie viele Gläser und Pakete sie einkaufen muss. Berechne den Gesamtpreis und das Gesamtgewicht.

Menü
- Suppe
- Nudeln mit Ketchup
- 3 Kugeln Eis mit Kirschen

Einkaufszettel

	Anzahl Gläser/Pakete
Suppe	
Nudeln	
Ketchup	
Eis	
Kirschen	

Gesamtpreis: _____

Gesamtgewicht: _____

8 Symmetrie

Achsensymmetrie

erkenne & bestimme

| die Achsensymmetrie | die Symmetrieachse | achsensymmetrisch |

A Welche Bilder sind achsensymmetrisch? Kreuze an.

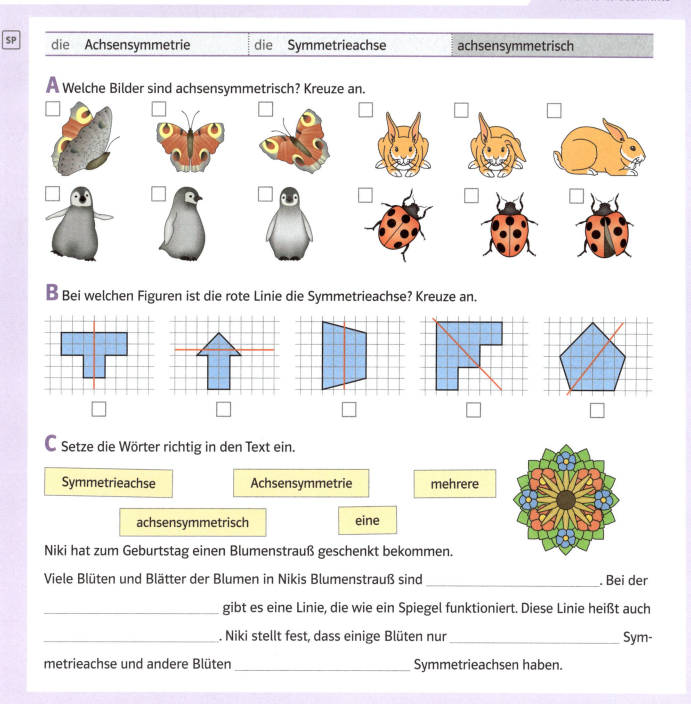

B Bei welchen Figuren ist die rote Linie die Symmetrieachse? Kreuze an.

C Setze die Wörter richtig in den Text ein.

Symmetrieachse   Achsensymmetrie   mehrere

achsensymmetrisch   eine

Niki hat zum Geburtstag einen Blumenstrauß geschenkt bekommen.

Viele Blüten und Blätter der Blumen in Nikis Blumenstrauß sind _____. Bei der

_____ gibt es eine Linie, die wie ein Spiegel funktioniert. Diese Linie heißt auch

_____. Niki stellt fest, dass einige Blüten nur _____ Sym-

metrieachse und andere Blüten _____ Symmetrieachsen haben.

○ **1** Das Spiegelbild der Pinguinfamilie hat fünf Fehler. Finde sie und kreise sie ein.

○ **2** Welche der Figuren sind achsensymmetrisch? Kreuze sie an und zeichne die Symmetrieachsen ein.

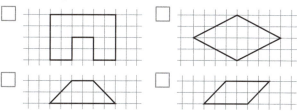

77

8 Achsensymmetrie

○ **3** ⊞ Schreibe auf.
a) Welche großen Buchstaben des Alphabets sind achsensymmetrisch?
_____

b) Welche Buchstaben haben genau eine Symmetrieachse?
_____

genau zwei Symmetrieachsen?
_____

mehr als zwei Symmetrieachsen?
_____

c) Welche Ziffern sind achsensymmetrisch?
_____

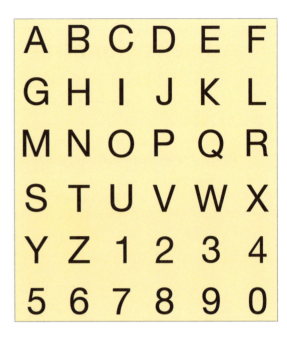

◒ **4** ⊞
a) Auf welchem Fahrzeug findest du diese Aufschrift?

b) Warum wird hier Spiegelschrift verwendet?
_____
_____

c) Augen auf im Straßenverkehr! Schreibe andere spiegelbildliche Wörter auf, die auf Fahrzeugen stehen.
_____

● **5** ⊞ Auch ganze Wörter können achsensymmetrisch sein, z. B.

HEIKO

a) Bilde selbst achsensymmetrische Wörter.
_____

b) Beim Schreiben dieser geheimen Botschaft ist ein Fehler passiert. Umkreise ihn.

c) Schreibe deiner Freundin oder deinem Freund eine eigene geheime Botschaft.
_____

💡 **3 Tipp**
Genau 16 Buchstaben sind achsensymmetrisch. Zeichne die Symmetrieachsen farbig ein.

💡 **4 Tipp**
Probiere es mit einem Spiegel oder Geodreieck aus.

💡 **5 Tipp**
Überlege:
Wo muss die Symmetrieachse der Buchstaben liegen?
_____

Aus welchen Buchstaben kannst du solche Wörter bilden?
_____

Achsenspiegelung

erkenne & bestimme

| die Achsenspiegelung | der gespiegelte Punkt | spiegeln |

A Auf welchen Bildern ist die Spiegelung von Punkt P richtig durchgeführt? Kreuze an.

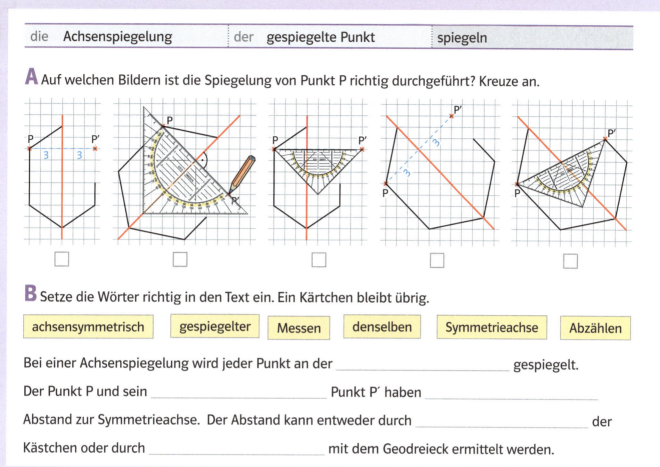

☐ ☐ ☐ ☐ ☐

B Setze die Wörter richtig in den Text ein. Ein Kärtchen bleibt übrig.

| achsensymmetrisch | gespiegelter | Messen | denselben | Symmetrieachse | Abzählen |

Bei einer Achsenspiegelung wird jeder Punkt an der _____ gespiegelt.

Der Punkt P und sein _____ Punkt P´ haben _____

Abstand zur Symmetrieachse. Der Abstand kann entweder durch _____ der

Kästchen oder durch _____ mit dem Geodreieck ermittelt werden.

1 Ergänze zu einer achsensymmetrischen Figur.

a)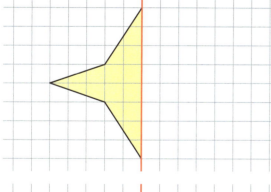

b)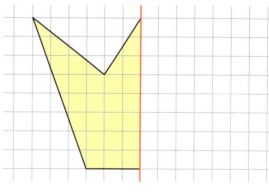

c)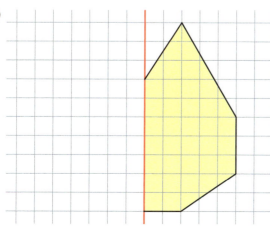

d)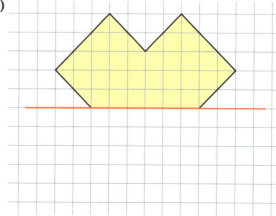

8 Achsenspiegelung

○ **2** Spiegle die Figur an der Symmetrieachse.

a)

b)

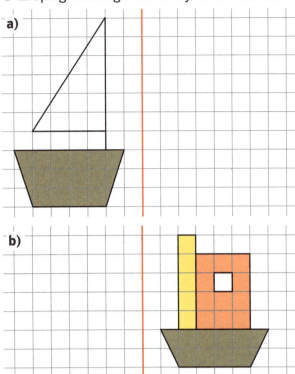

○ **3** Spiegle das Blatt an allen Symmetrieachsen. Du erhältst ein vierblättriges Kleeblatt.

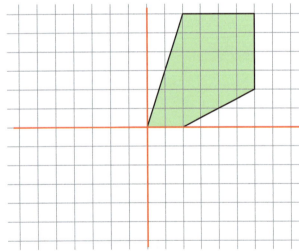

◐ **4** Ergänze durch Spiegelung.

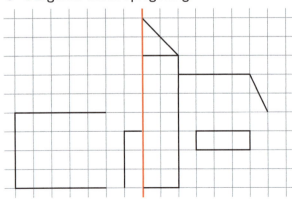

◐ **5** Finde zwei Achsenspiegelungen, mit denen du einen Hund in den anderen überführen kannst. Zeichne die beiden Symmetrieachsen ein.

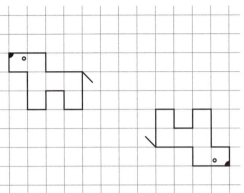

● **6** Ergänze durch Spiegelung.

a)

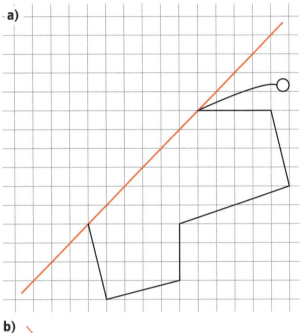

b)

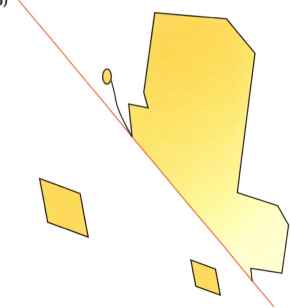

80

Parallelverschiebung

erkenne & bestimme

SP | die Parallelverschiebung | die Verschiebungsvorschrift | der Verschiebungspfeil

A Kreuze die richtig gezeichneten Parallelverschiebungen an.

B Setze die Wörter richtig in den Text ein.

Verschiebungspfeil | Richtung | Verschiebungsvorschrift | derselben

Bei einer Parallelverschiebung wird jeder Punkt einer Figur nach derselben

_____ verschoben. Sie kann durch einen _____

veranschaulicht werden. Dieser gibt an, in welche _____ und wie weit die

Figur verschoben wird. Wenn eine Figur mehrmals nacheinander nach _____

Vorschrift verschoben wird, entsteht ein regelmäßiges Muster.

○ **1** Nenne die Verschiebungsvorschrift.

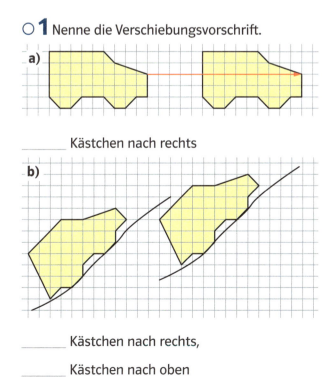

a) _____ Kästchen nach rechts

b) _____ Kästchen nach rechts,
_____ Kästchen nach oben

○ **2** Wurde hier richtig verschoben? Begründe.

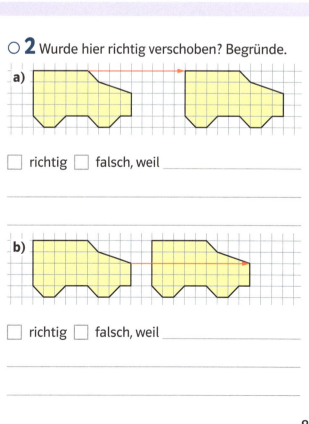

a) ☐ richtig ☐ falsch, weil _____

b) ☐ richtig ☐ falsch, weil _____

8 Parallelverschiebung

○ **3** Verschiebe die Figur wie vorgegeben.

a) Verschiebungsvorschrift: _____ Kästchen nach rechts

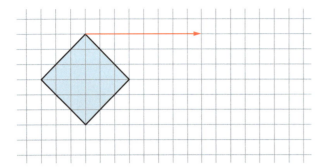

b) Verschiebungsvorschrift: _____ Kästchen nach rechts, _____ Kästchen nach unten

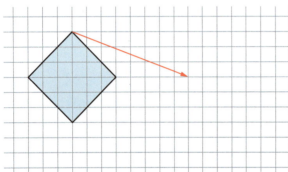

◐ **4** Verschiebe die Figur sechsmal nacheinander. Es entsteht ein Bandornament.

a)

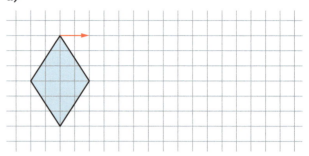

b)

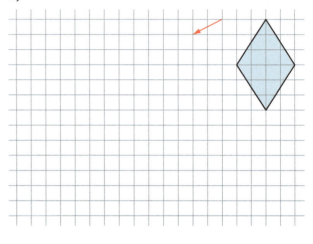

● **5** Verschiebe die Ausgangsfigur mehrmals. Es entsteht ein Bandornament.

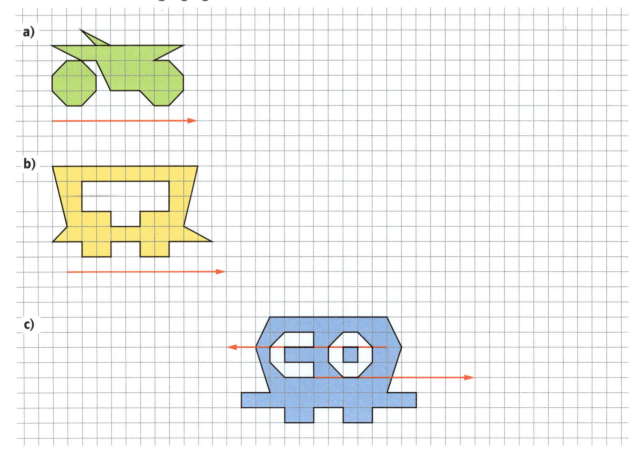

Punktsymmetrie

erkenne & bestimme

die Punktsymmetrie | die Punktspiegelung | das Symmetriezentrum | punktsymmetrisch

A Welche Figuren sind punktsymmetrisch? Kreuze an und markiere das Symmetriezentrum.

☐ ☐ ☐ ☐

B Setze die Wörter richtig in den Text ein.

Symmetriezentrum — punktsymmetrische — Punkt P'

Geodreieck — Punkt P — halbe Drehung

Eine _____ Figur kann durch eine _____ wieder auf sich selbst abgebildet werden. Der Punkt Z, um den die Figur gedreht wird, ist das _____. Zum Zeichnen lege das _____ so an, dass du den Abstand vom Symmetriezentrum Z zum _____ misst. Dann übertrage ihn auf die andere Seite und zeichne _____.

1 Ergänze zu einer punktsymmetrischen Figur.

a) b) c) d)

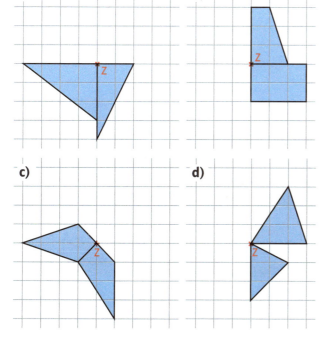

2 Die Figur sollte punktsymmetrisch gezeichnet werden. Überprüfe die gespiegelten Punkte, umkreise falsch gezeichnete. Zeichne richtig.

a) falsch — richtig

b) falsch — richtig

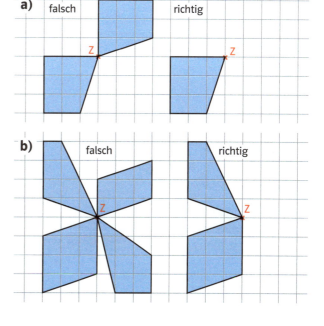

83

8 Punktsymmetrie

◐ 3 Das Karussell wird um eine halbe Drehung um Z gedreht. Ergänze die Zeichnung.

a)   b)

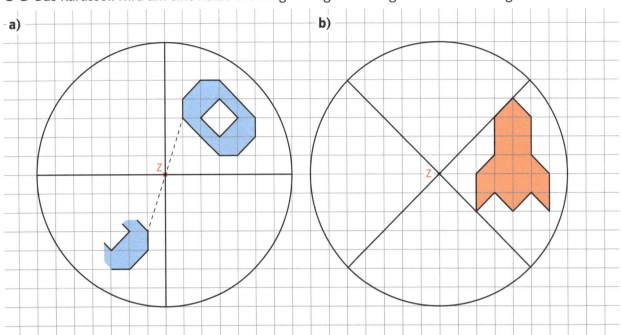

● 4 Ergänze durch eine halbe Drehung um Z zu einem punktsymmetrischen Karussellbild.

a)   b)

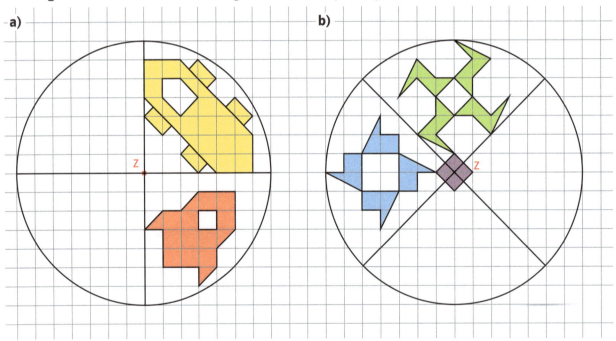

Spiralen

erkenne & bestimme

| die | Spirale | die | Zahlenfolge |

A Wo kannst du Spiralen erkennen? Kreuze an.

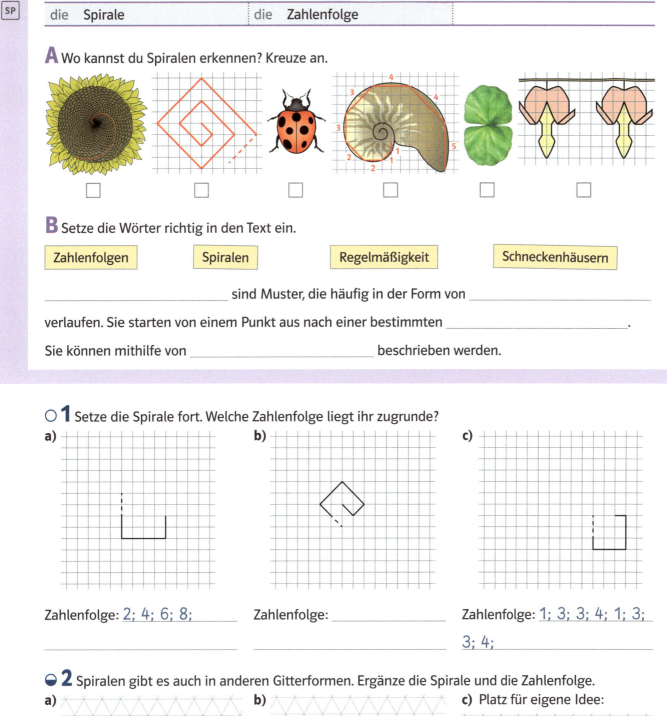

B Setze die Wörter richtig in den Text ein.

Zahlenfolgen   Spiralen   Regelmäßigkeit   Schneckenhäusern

_____ sind Muster, die häufig in der Form von _____

verlaufen. Sie starten von einem Punkt aus nach einer bestimmten _____.

Sie können mithilfe von _____ beschrieben werden.

○1 Setze die Spirale fort. Welche Zahlenfolge liegt ihr zugrunde?

a)   b)   c)

Zahlenfolge: 2; 4; 6; 8; _____   Zahlenfolge: _____   Zahlenfolge: 1; 3; 3; 4; 1; 3; 3; 4;

◐2 Spiralen gibt es auch in anderen Gitterformen. Ergänze die Spirale und die Zahlenfolge.

a) 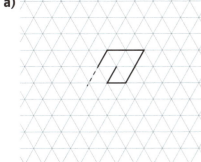   b) 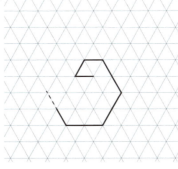   c) Platz für eigene Idee:

Zahlenfolge: 1; 1; 2; 2; _____   Zahlenfolge: _____   Zahlenfolge: _____

8 Wortschatz

erkläre & bewerte

Achsensymmetrie und Achsenspiegelung

| die | Achsensymmetrie | die | Symmetrieachse | achsensymmetrisch |
| die | Achsenspiegelung | der | gespiegelte Punkt | spiegeln |

A In dem Begriff „Achsensymmetrie" stecken die Worte „Achse" und „Symmetrie". Erkläre.

_____

_____

B Kreuze die richtigen Aussagen an.
- ☐ Punkt und gespiegelter Punkt sind gleich weit von der Symmetrieachse entfernt.
- ☐ Die Symmetrieachse heißt auch Spiegelachse.
- ☐ Jede Figur hat mindestens eine Symmetrieachse.

Parallelverschiebung

| die | Parallelverschiebung | die | Verschiebungsvorschrift | der | Verschiebungspfeil |

C Erkläre den Zusammenhang zwischen der Verschiebungsvorschrift und dem Verschiebungspfeil.

_____

_____

D Richtig oder falsch? Bei der Parallelverschiebung einer Figur
- gilt die Verschiebungsvorschrift für alle Punkte.   ☐ richtig   ☐ falsch
- zeigen die Verschiebungspfeile in verschiedene Richtungen.   ☐ richtig   ☐ falsch

Punktsymmetrie

| die | Punktsymmetrie | die | Punktspiegelung | das | Symmetriezentrum | punktsymmetrisch |

E Erkläre, welche Rolle das Symmetriezentrum bei der Punktspiegelung spielt.

_____

_____

F Richtig oder falsch? Bei einer punktsymmetrischen Figur
- sind alle Punkte gleich weit vom Symmetriezentrum entfernt.   ☐ richtig   ☐ falsch
- sieht die Figur nach der Punktspiegelung so aus wie vorher.   ☐ richtig   ☐ falsch

Spiralen

| die | Spirale | die | Zahlenfolge | |

G Kreuze richtige Aussagen an.
- ☐ Jede Spirale ist nach einer bestimmten Regelmäßigkeit aufgebaut.
- ☐ Beim Zeichnen von Spiralen wird die Zeichenlinie bei jedem Schritt halbiert.

Üben und vernetzen 8

○ **1** Fünf Punkte wurden falsch gespiegelt. Finde sie und markiere mit einem roten Stift.

○ **2** Nenne die Verschiebungsvorschrift in Fahrtrichtung.

a) 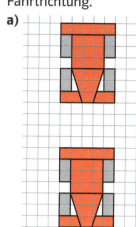 b)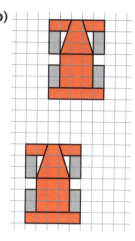

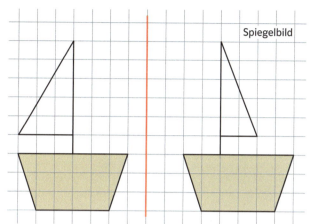

_____

_____

3 Ergänze den Buchstaben durch Achsenspiegelung.

○ a) 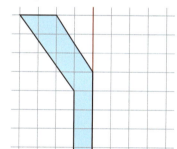 ◐ b) 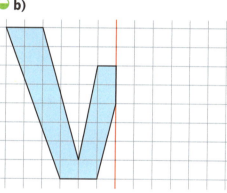 ● c)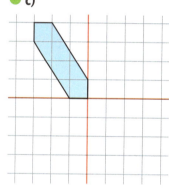

◐ **4**
a) Ergänze die Figur durch Spiegelung zu einer achsensymmetrischen Figur.

b) Verschiebe die entstandene Figur viermal um 6 Kästchen nach rechts.

5 Verschiebe die Figur so, wie angegeben.

○ a) 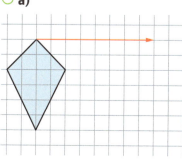 ◐ b) 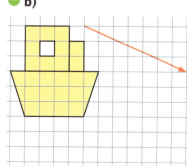 ● c) Verschiebe die Ausgangsfigur zweimal.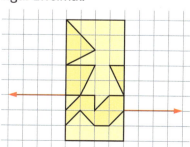

8 Üben und vernetzen

6 Welche Symmetrien haben die Figuren?

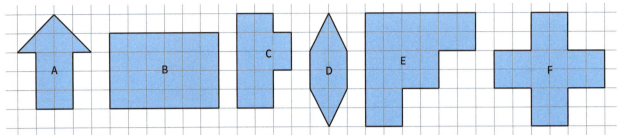

Achsensymmetrische Figuren: _____   Punktsymmetrische Figuren: _____

7 Ergänze zu einer punktsymmetrischen Figur. Entscheide, ob die Figur auch achsensymmetrisch ist.

a)
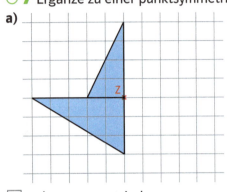

b)
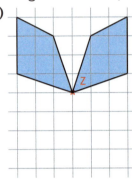

c)
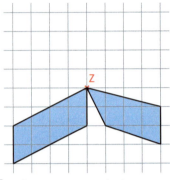

☐ achsensymmetrisch
☐ nicht achsensymmetrisch

☐ achsensymmetrisch
☐ nicht achsensymmetrisch

☐ achsensymmetrisch
☐ nicht achsensymmetrisch

8 Ergänze zu einem punktsymmetrischen Bild.

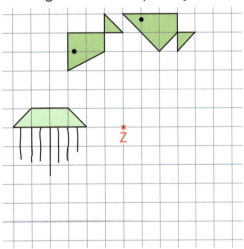

10 Ergänze weitere Linien der Spirale.

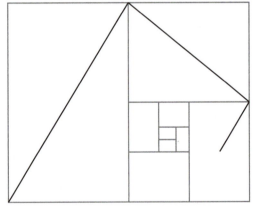

11 Zeichne die Spirale weiter.

9 Ergänze sechs weitere Linien der Spirale.

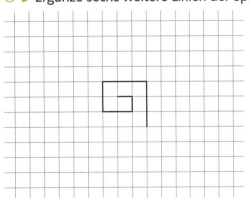

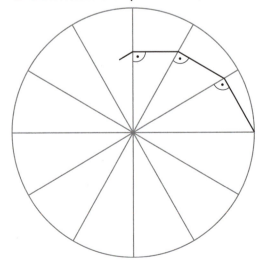